Maurice Block

Bevölkerung des französischen Kaiserreichs

in ihren wichtigsten statistischen Verhältnissen dargestellt

Maurice Block

Bevölkerung des französischen Kaiserreichs
in ihren wichtigsten statistischen Verhältnissen dargestellt

ISBN/EAN: 9783743486843

Hergestellt in Europa, USA, Kanada, Australien, Japan

Cover: Foto ©ninafisch / pixelio.de

Manufactured and distributed by brebook publishing software (www.brebook.com)

Maurice Block

Bevölkerung des französischen Kaiserreichs

Bevölkerung

des

Französischen Kaiserreichs

in

ihren wichtigsten statistischen Verhältnissen dargestellt

von

Dr. M. Block.

Gotha: Justus Perthes.
1861.

Inhalt.

Text. Seite
- Einleitung 1
- Zählungen. Zunahme. Volksdichtigkeit. Stadt u. Land etc. 6
- Bewegung der Bevölkerung. Geburten, eheliche und uneheliche; Ehen; Sterblichkeit etc. 14
- Gebrechen. Körpergrösse. Blinde, Taube, Irrsinnige. Selbstmörder 28
- Religionsbekenntnisse. Kriminalität. Unterricht. Wohlthätigkeit. Sparkassen etc. 31
- Beschäftigungen 46

Tabellen.
1. Areal, Bevölkerung, Gemeinden, Volksdichtigkeit etc. 53
2. Recrutirung, Körpergrösse, Blinde, Taube, Irre, Selbstmörder 55
3. Wohlthätigkeit und Selbsthülfe 57
4. Beschäftigungen und Steuern 59
5. Kriminalität. Verbrechen, Vergehen, Übertretungen . 61
6. Processe 62

Karten.
- I. Volksdichtigkeit.
- II. Stadt und Land. Vermehrung und Verminderung etc.
- III. Geburten.
- IV. Uneheliche Geburten.
- V. Ehen.
- VI. Sterblichkeit.
- VII. Kultus.
- VIII. Unterricht.
- IX. Kriminalität.
- X. Processe.
- XI. Wohlhabenheit. Steuern.
- XII. Beschäftigungen.

Wenige Länder sind von der Natur reicher ausgestattet worden als Frankreich. In dem mittlern Theile der gemässigten Zone gelegen, leiden seine Bewohner weder von der erstarrenden Kälte des hohen Nordens, noch von der entnervenden Hitze der Tropenländer. Es hat gerade so vielen Antheil am Meere, als nöthig ist, um ein wohlthätiges Verhältniss zwischen Trockenheit und befruchtenden Niederschlägen zu unterhalten, oder um seinen Rang im Weltverkehr zu behaupten, aber nicht genug, um seine Atmosphäre mit übermässiger Feuchtigkeit zu schwängern. Ebenen und Bergzüge sind so vertheilt, dass die der Kultur so günstigen Flächen vorherrschen, dass die mässigen Höhen in der Mitte, aber mehr nach der wärmern mittäglichen Hälfte zu, sich hinstrecken, wogegen die himmelanstrebenden, Geist und Gemüth ansprechenden, aber Unfruchtbarkeit verbreitenden Alpen und Pyrenäen sich längs der Gränzen hinziehen. Ströme und Flüsse, denen zahlreiche kleinere Gewässer ihren Tribut bringen, durchziehen es in allen Richtungen. Nur zwei dieser Ströme, Rhône und Rhein, haben ihre Quelle im Auslande, die anderen entspringen alle seinen eigenen, oft waldgekrönten Bergen; mehrere derselben gehen ins Ausland, ihre Mündung suchend.

Wie mannigfaltig sind nicht Frankreichs Naturprodukte. Längs dem mittelländischen Meere, von dem neuerworbenen Nizza an bis zur alten Hauptstadt der narbonnischen Provinz, reifen Pomeranzen und Oliven, blühen Mandelbäume, prangen Feigen. Der Rebe edle Frucht wird noch mit Erfolg gepflegt an den Ufern der Seine bis in die Nachbarschaft des gallischen Athen, der Weltstadt Paris. Wer kennt nicht den köstlichen Saft, den Bordeaux, Macon, Epernay und so viele andere Stapelplätze über die ganze Welt verbreiten? — Wo die Traube reift, gedeiht auch der Maulbeerbaum, da kann der Seidenwurm seine zarten, glänzenden Fäden spinnen. Seit Ludwig dem Elften, besonders aber seit Heinrich dem Vierten, diese schlauen, aber bürger- und bauerfreundlichen Könige, haben Frankreichs Bewohner diese günstige Lage zu benutzen verstanden. Aber auch die Normandie und die Bretagne wissen den Wink der Natur zu deuten, und ziehen prächtiges Vieh und mächtige Pferde auf ihren grasreichen Weiden. Der Norden und der Osten, und manche Gegenden im Innern, Flandern, Lothringen, Elsass, die Limagne von Auvergne, die Ebene von Toulouse, die Brie und die Bauce, diese Kornkammern von Paris, bieten im Sommer dem erfreuten Auge unabsehbare Felder dar, dicht mit goldenen Aehren besetzt.

Dass ein solches Land dicht bevölkert ist, wird Niemand wundern; ebenso leicht begreift man, dass eine fühlbare Verschiedenheit zwischen den Bewohnern des Nordens und des Südens, selbst des Ostens und

des Westens herrscht. Klima und Beschäftigung haben
ja immer ihren Einfluss auf den Menschen geübt;
aber auch die Abstammung pflegt man als eine der
Hauptursachen der Volks-Eigenthümlichkeiten anzuer-
kennen. Bekanntlich haben ja auch mehrere Stämme
ihren Beitrag zur Bevölkerung Frankreichs geliefert.
Ueber Frankreichs Ureinwohner und über die
Bildung des französischen Volkes in seiner jetzigen
Zusammensetzung ist sehr viel geschrieben worden, man
hat sich dabei nicht an die historischen Zeiten gebun-
den. Gobineau [1] z. B. hat eine wirklich interessante —
leider nur zu hypothetische — Schilderung der vor-
celtischen Epoche geliefert, wonach Frankreich in
jener Urzeit von Stämmen mongolischer Rasse bewohnt
gewesen war. Allein, passons au déluge, gehen wir
zur Periode über, von der wir wirklich etwas wissen.
Das, was historisch fest steht, lässt sich für unseren
Zweck in wenig Worten zusammenfassen: Celten und
Germanen, mit etwas fremdem (semitischem) Blute
vermischt, sind die Stammeltern der jetzigen Franzosen [2]. Im Norden und Osten herrschen die Teu-

---

[1] De l'inégalité des races humaines. Paris, Didot. 4 vol. in 8°.
[2] Malte-Brun in seiner „Géographie universelle, 6e édit.
1853. t. II. p. 68" lässt nach A. Desmoulins (histoire des races
humaines) Frankreichs Bevölkerung von zwei Spezien oder Men-
schenarten und drei Hauptrassen abstammen. Die zwei Spezien
sind die *Semiten* und die *Scythen*. Erstere theilen sich in drei
Rassen: Celten, Pelasger und Araber; letztere bietet die Germanen. Es ist wohl unnöthig, die Einwände anzuführen, die sich
gegen diese Eintheilung machen liessen, besonders wenn wir auf
die Ausführung derselben im angeführten Werke näher eingingen.
Wir können aber nicht umhin, zu bemerken, dass Malte-Brun

tonen vor; im Centrum haben sich Celten und Franken in verschiedenen Verhältnissen vermischt; blos im Westen haben sich die Celten rein erhalten, im Süden haben Griechen und Sarazenen, und selbst die Nachkommen der römischen Legionen, auch Gothen, ebensoviel, stellenweise selbst mehr als die Gallier zur Bevölkerung beigetragen.

Mögen nun Abstammung oder Klima und sonstige Verhältnisse ihren Einfluss ausüben, so viel ist gewiss, dass ein grösserer Unterschied z. B. zwischen dem Vlämen aus der Umgegend von Dünkirchen und dem Provencalen am Mittelmeer, oder dem Bearnesen, der am Fusse der Pyrenäen haust, besteht, als zwischen dem Pomeraner und dem Bayer oder Oesterreicher. Die Eigenthümlichkeiten, welche die Bewohner jeder Provinz charakterisiren, sind so beständig, dass sie sprüchwörtlich geworden sind. Wir sind zwar ganz und gar nicht Anhänger solcher Verallgemeinerungen, solcher Anwendung in Bausch und Bogen von einzelnen, wenn auch zahlreichen, aber sehr viele Ausnahmen zulassenden Beobachtungen, allein wir glauben doch einige der laufenden Bezeichnungen anführen zu müssen, wäre es auch nur, um dem Leser die im Volke herrschenden Ansichten vorzuführen.

Fangen wir mit dem Norden an. Die Vlämen sind oder gelten für langsam und phlegmatisch, aber auch für fleissig und reich. Der Pikarde ist ehrlich

---

dabei der Franken, die doch dem Lande ihren Namen gegeben, keiner Erwähnung thut. Von diesem ist nur im historischen Theil die Rede.

und freimüthig, „franc Picard", aber etwas barsch.
Die Normannen sind fleissig und processsüchtig; sie
sagen, wenn sie es vermeiden können, weder ja noch
nein. Die Bretagner, ehrlich, treu, aber hartnäckig.
Dagegen wird dem Lothringer, wahrscheinlich blos
des Reimes wegen (lorrain, larron), eine zu grosse
Verschmitztheit vorgeworfen, er ist aber anstellig und
der Wissenschaft zugänglich. Die Auvergnaten sind
sparsam, vielleicht zu sehr, sie halten in einem hohen
Grade zusammen: „es war kein Mensch da, lauter
Auvergnaten", lässt sie eine berühmte Posse sagen.
Dem Poitevin gibt man Subtilität, dem Berrichon
schreibt man wohl mit Unrecht Schüchternheit zu.
Die Provencalen sind lebhaft, leicht zu beleidigen,
aber auch leicht zu versöhnen. Die Gascogner sind
geistreich, schneiden aber gern auf, daher: une gas-
conade. Andere übergehen wir.

Wir haben uns vielleicht zu lange bei diesen
sprüchwörtlichen Redensarten aufgehalten; denn wenn
es wahr ist, dass jede Provinz oder Region ihre
charakteristischen Eigenthümlichkeiten hat, so ist doch
bekannt, dass jede derselben ihren Beitrag zu Frankreichs berühmten Männern liefert. Auch wäre es
lächerlich, Jemanden blos darum für einen Process-
krämer zu halten, weil er in Rouen oder Caen geboren, für einen Redner, weil er in Bordeaux das
Licht der Welt erblickt hat. Es geht hier wie mit
den Durchschnitten oder Mittelzahlen: es sind
Abstractionen, die man nie auf concrete Fälle an-
wenden darf.

Frankreichs Bevölkerung erreicht jetzt, mit dem neuerworbenen Nizza und Savoyen, 37 Millionen. Nach Dureau de la Malle [1]) wäre Frankreich im 14. Jahrhundert weit bevölkerter gewesen als später, eine Ansicht, die ebenso wenig Anhänger gefunden hat als die, welche David Hume bekämpft, und nach der Cäsar 200 Millionen Seelen in Gallien gefunden haben soll. Eigentliche authentische oder officielle Zählungen hat man vor dem Jahre 1698 in Frankreich nicht unternommen. Der erste Gedanke dieser Zählung ist von dem berühmten Marschall Vauban eingegeben worden, der auch deren Resultate zuerst in seiner „Dixme royale" bekannt machte [2]). Später hat Boulainvillier weitere Details gegeben. Damals ernährte das jetzige französische Gebiet etwa (in runder Summe) 20 Millionen Menschen.

Im Laufe des 18. Jahrhunderts haben einige Schriftsteller Schätzungen versucht, so der Abbé d'Expilly (1762), Beausobre, besonders aber Necker. Letzterer stützte sich auf Geburtstabellen, und, indem er annahm, dass einer jeden Geburt eine Bevölkerung von $25\frac{3}{4}$ Einwohnern entspreche, erreichte er beinahe 25 Millionen. Im Jahre 1791 bestimmte ein Gesetz vom 22. Juli, dass eine allgemeine Zählung vorgenommen werden solle, allein die Zeiten waren viel zu stürmisch, um die Ausführung dieses Gesetzes zuzu-

---

[1]) Mémoire sur la population de la France au 14e siècle, im XIV. Bande der Mém. de l'Acad. des inscriptions etc.
[2]) Siehe Collection des principaux Economistes. Paris, Guillaumin.

lassen. Vergeblich waren daher in den Jahren 1793, 1795, 1796, 1797 die Bemühungen der Minister; erst 1801 gelang es, dieselbe ins Werk zu setzen. Andere Zählungen folgten 1806, 1821 (1826 Berechnung nach dem Ueberschuss der Geburten), 1831, 1836, 1841, 1846, 1851, 1856, also alle 5 Jahre seit 1831. Zu bemerken ist, dass man bis 1841 blos die ansässige (population de droit), von diesem Jahre an aber die wirkliche (population de fait) Bevölkerung zählte. Früher also wurde auch der Abwesende den Bewohnern des Ortes zugerechnet, wo er seinen gewöhnlichen Aufenthalt oder seinen Wohnsitz hatte; später nahm man die faktische Bevölkerung auf. Beim Census wird nun Jeder, Mann, Frau oder Kind, Herr oder Dienstbote namentlich in die Zählungsregister eingetragen, so dass jetzt nur noch unbedeutende Irrthümer vorkommen können.

Hier folgen nun die Resultate der oben erwähnten Zählungen.

Zählungs-Jahr.	Totalsumme der damaligen Bevölkerung.	Vermehrung von einer Zählung zur anderen.	Jährlicher Durchschnitt der Vermehrung.
1700	19,669,320	—	—
*1762	21,769,163	2,099,843	55,259
*1772	22,672,000	902,837	90,283
*1784	24,800,000	2,128,000	177,333
1801	27,349,003	2,549,003	149,941
1806	29,107,425	1,758,422	351,685
1821	30,461,875	1,354,450	90,295
*1826	31,858,937	1,397,062	279,412
1831	32,569,223	710,286	142,057
1836	33,540,910	971,687	194,337
1841	34,230,178	676,809	135,362
1846	35,400,486	1,170,308	254,062
1851	35,783,170	382,684	76,537
1856	36,039,364	256,194	51,238

Wir haben nur der Vollständigkeit wegen die mit * bezeichneten Daten aufgenommen, aber Zählungen fanden damals, wie schon angedeutet, nicht statt. Die Berechnung, welche Necker wenige Jahre vor der Revolution (1784) versuchte, ist, wie man weiss, später angegriffen worden [1]), namentlich von Randot (De la décadence de la France), Dr. Juglar (Journal des Economistes, Jahrg. 1851 u. 1852), Faye (Bullet. de l'Acad. des Sciences morales et politiques), welche bewiesen haben, dass 25 und selbst 26 Millionen noch unter dem Thatbestand waren. Diese geistreichen und fleissigen Forscher möchten aber wohl zu weit gehen, wenn sie behaupten, dass Frankreich vor der Revolution 30, oder gar 32 Millionen Einwohner zählte, und dass die Schreckenszeit, die Auswanderung und die nachfolgenden mörderischen Kriege die Bevölkerung um einige Millionen vermindert hätten.

Auf welchen Argumenten beruhen diese Ansichten! Ueber diesen Punkt müssen wir selbstverständlich die Neu- oder Wissbegierde des Lesers unbefriedigt lassen. So viel können wir aber doch andeuten, dass zwar jeder der genannten Statistiker einen anderen Weg eingeschlagen, dass sie aber doch alle sich auf den Unterschied der Geburten und Sterbefälle, so wie auf andere mit der Bewegung der Bevölkerung im Zusammenhange stehenden Daten stützen.

---

[1]) Er selbst findet, dass seine Berechnung gewagt, und namentlich dass er die Zahl der Einwohner unterschätzt habe. 26 Millionen scheint ihm der Wahrheit näher. Aber „um nicht zu übertreiben" nahm er officiell 24,800,000 an. Administration des finances t. 1. p. 202 etc.

Ein flüchtiger Blick auf die Tabelle der Seite 7 lehrt, dass die durchschnittliche Vermehrung der Bevölkerung Frankreichs im Abnehmen begriffen ist. Mancherlei politische sowohl als volkswirthschaftliche Erklärungen dieser Thatsache sind schon versucht worden, und gewiss haben die in Folge der Erschütterungen von 1848 eingetroffenen Erwerbsstockungen, sowie Kriege und verheerende Krankheiten, Handelskrisen und Misswachs das ihrige gethan. Allein diese Einflüsse können nur vorübergehende Störungen bewirken. Warten wir also künftige Zählungen ab, um ein berechtigtes Urtheil darüber fällen zu können, ob auch dauernde Ursachen mitwirken, ob z. B. zunehmende Dichtigkeit, Reichthum oder Luxus, selbst zunehmende Immoralität dabei zu berücksichtigen sind. Die Zählungen von 1851 und 1856, wenn man ihre Resultate in den verschiedenen Departements vergleicht, lassen noch eine andere, aber blos lokale Ursache hervortreten. Wie man nämlich auf der Karte Nr. 2 sehen kann, hat die Bevölkerung in 54 Departements ab- und blos in 32 zugenommen, obgleich im Ganzen noch ein Ueberschuss von 256,000 Seelen geblieben ist. Man hat bemerkt, dass mit wenigen Ausnahmen diejenigen Bezirke an Einwohnern gewonnen haben, worin die meisten und besonders die grössten Städte sind [1]);

---

[1]) Die Departements, worin die Bevölkerung zugenommen hat, sind auf der Karte II blau, die anderen roth illuminirt. In beiden zeigen die Nüancen das Verhältniss der Stadt zu den Landbewohnern an.

Paris allein hat in diesen fünf Jahren um $\frac{1}{3}$ Million zugenommen. Uebrigens ist die Klage über den Zug der Landbewohner nach den Städten keineswegs neu, wenn auch die Thatsache diesmal auffallender als bisher hervortrat. So hat man schon konstatirt, dass die Bewohner der über 3000 Einwohner zählenden Gemeinden (in Frankreich kennt die Rechtssprache keine Städte mehr) im Jahre 1836 25%, 1846 29%, und 1856 32% der Gesammtbevölkerung ausmachten. Diese Erscheinung, die fast allgemein in Europa ist, wird häufig beklagt, und ebenso häufig sind die Vorschläge, ja die unfehlbaren Mittel, diesem Uebelstand ein Ziel zu setzen. Allein uns scheint, dass man schwerlich hier wirksam wird eingreifen können. Tyrannische Maassregeln — wenn es welche gibt, die sich bewähren sollten — erlaubt unsere Zeit nicht mehr anzuwenden, und andere Mittel müssen sich von selbst aus dem Uebel als Gegengift herausbilden. Die Verbreitung der Fabriken auf dem Lande mag sich in einem gewissen Maasse als naturwüchsiges Gegenmittel zeigen.

Der Einfluss der Industrie auf die Volksdichtigkeit, besonders des platten Landes, möchte leicht zu beweisen sein, wenn wir überhaupt nicht eine gewisse Scheu vor einseitigen Regeln hätten. Es gibt gar zu viele Ausnahmen bei den meisten dieser Regeln! Dies kömmt daher, weil im Leben die Thatsachen immer durch einen Zusammenfluss von vielen — zuweilen entgegengesetzten — Ursachen entstehen, dass man aber in der Theorie gewöhnlich nur nach dominirenden Ursachen klassificirt, ja klassificiren muss. Wir entgehen dieser Klippe, indem wir sagen, dass die Industrie oft die Schuld trägt, wenn ein Land dicht bevölkert ist.

Ein Blick auf die bezügliche Karte [1]) oder auch auf die Tabelle der Volksdichtigkeit und der Beschäftigung zeigt, dass freilich diejenigen Departements, die sich durch zahlreiche Fabriken oder durch grosse Handelsthätigkeit auszeichnen, gewöhnlich auch die bevölkertsten sind. So haben, um das Seine-Departement (Paris) nicht zu rechnen, Rhône (Lyon) 224 Einwohner auf den Quadrat-Kilometer von 100 Hektaren (400 preuss. Morgen), Nord 213, Seine-inférieure 127, Ober- und Niederrhein, Pas-de-Calais, Loire (St. Etienne), Manche über 100, Rhônemündungen (Bouches-du-Rhône, Marseille) 93 Einwohner auf den Geviert-Kilometer. Dagegen sind Finisterre, Ille et Vilaine mit resp. 90 und 86 Einw. nicht durch Gewerbefleiss ausgezeichnet. Die durchschnittliche Dichtigkeit Frankreichs ist 67.96 Einwohner auf den Quadrat-Kilometer; Oise, Hérault, Jura, Aude und andere, obgleich reich an Industrie-Werkstätten, erreichen diesen Durchschnitt nicht. Die niedrigst bevölkerten Bezirke, Landes mit 33, Korsika mit 27, Lozère mit 27, Hoch- und Niederalpen mit 23 und 21 Einwohnern und andere, gehören aber unstreitig

---

[1]) Eine der Karten des Atlas gibt eine Uebersicht der Vertheilung der Bevölkerung; überdies findet man am Ende des Textes eine Tabelle mit der Ausdehnung, der Bevölkerung und der Volksdichtigkeit der einzelnen Departements.

zu denen, worin die Gewerbe — auch der Ackerbau — am meisten zurück sind.

Jedenfalls aber sind die bevölkertsten Departements auch die, worin man die grössten Städte antrifft. Bemerkenswerth scheint uns dabei, dass Frankreich verhältnissmässig eben nicht zu viele grosse Städte zählt. So gab es 1856 unter 36,826 Gemeinden (Städte und Dörfer) nur 69 mit mehr als 20,000 Seelen, 113 mit 10- bis 20,000, 276 mit 5- bis 10,000, und 36,368 mit weniger als 5000 Einwohnern, eine Vertheilung, die in den früheren Jahren nicht sehr verschieden war. Diese 36,368 zerfallen in folgende Unterabtheilungen:

Gemeinden mit weniger als 500 Einw. 16,225,
„ „ 500 bis 1000 „ 11,604,
„ „ 1000 „ 5000 „ 8,539.

Unter Gemeinden muss man weder Wohnplätze noch Ortschaften verstehen. Zuweilen bilden mehrere Weiler und einzelne Höfe einen Gemeindeverband. Auch Kirchspiel (paroisse) ist nicht immer identisch mit der (politischen) Gemeinde; meist jedoch besteht eine Commune aus einer Stadt oder einem Dorf allein (population agglomérée, zusammenwohnende Bevölkerung), oder begreift dazu noch ein bewohntes Weichbild (banlieue), oder abhängige Weiler (hameaux), in der Verwaltungssprache gewöhnlich als „section" bezeichnet, wenn der Weiler besondere Interessen oder Besitzungen hat. Immer aber haben die Gemeinden einen Maire (Bürgermeister, Schulze) und einen Munizipalrath.— Alle Gebäude, Wohnhäuser gehören aber irgend einer Gemeinde an.

Im Jahre 1856 gab es in Frankreich 7,698,815 steuerpflichtige Wohnhäuser. In früheren Jahren zählte man

```
1826   6,484,176 Wohnhäuser.
1835   6,805,402      „
1842   7,143,968      „
1852   7,524,050      „
```

Vom Jahre 1857 an findet man zuerst 7,895,594, dann 1858 7,940,432, endlich 1859 8,007,784 Wohnhäuser. Wenn man von Paris, das keine Daten geliefert, abstrahirt, so hatten 1856 noch 20% der Häuser Strohdächer, die anderen waren mit Ziegeln, Schiefer, Zink gedeckt. Mehr als 60% hatten nur einen Rez-de-Chaussée (Bodenflur), 29% noch einen ersten Stock, etwa 8% zwei, die übrigen drei und mehr Stockwerke, immer ohne den untersten zu rechnen.

Haushaltungen (Ménages) gab es 1856 9,387,561. Allein unter Menage verstand man bei der Zählung auch jede einzelne, für sich hausende Person, alleinwohnende, ledige Männer oder Frauenzimmer. Für Paris konnten die Unterabtheilungen der obigen Zahl nicht ermittelt werden. Die 8,796,276 Ménages der anderen Ortschaften zerfallen in:

```
  914,788 oder 10.40% aus einer Person bestehend,
1,628,037   „  18.51   „  zwei Personen bestehend,
1,753,806   „  19.94   „  drei     „         „
1,600,211   „  18.19   „  vier     „         „
1,166,205   „  13.26   „  fünf     „         „
  786,790   „   8.94   „  sechs    „         „
  946,499   „  10.76   „  sieben und mehr Pers. bestehend.
8,796,336     100
```

Besonderes Interesse möchte aber folgende, 1856 zum ersten Male in Frankreich versuchte Zusammenstellung gewähren. Es fanden sich

Verheirathete Männer	mit Kindern	6,022,178	84.47%	100
	kinderlos	1,106,843	15.53	
Witwer	mit Kindern	694,351	78.70	100
	kinderlos	187,963	21.30	
Verheirathete Frauen	mit Kindern	5,994,880	84.55	100
	kinderlos	1,095,259	15.45	
Witwen	mit Kindern	1,354,024	77.98	100
	kinderlos	382,304	22,02	

Eine Zusammenstellung dieser Art kann wohl bei der ersten Ausführung nicht gleich auf eine gar zu strenge Genauigkeit Anspruch machen, allein dieser Versuch ist nicht ohne Interesse. Fügen wir zur Vervollständigung obiger Zahlen hinzu, dass man 1856 9,846,104 Kinder und ledige Personen männlichen, und 9,328,763 weiblichen Geschlechts zählte, so dass sich, dem Geschlechte nach, die gesammte französische Bevölkerung in 17,857,439 Personen männlichen und 18,155,230 weiblichen Geschlechts theilt.

Wir haben im Bisherigen einen Ueberblick über die wichtigsten numerischen Verhältnisse der Bevölkerung nach den neuesten Zählungen zu geben gesucht. Die hierbei gewonnenen Resultate sind aber nur Anhalt- oder Ausgangspunkte zum weiteren Forschen und verschaffen für sich allein noch keine genaue Einsicht in das eigentliche Leben eines Volkes. So wie die Anatomie der Physiologie bedarf, so müssen die Zählungen durch die Bewegung der Bevölkerung vervollständigt werden. Unter Bewegung versteht man im weiteren Sinne alles, was auf Vermehrung und Verminderung der Population Einfluss hat; gewöhnlich begreift man nur darunter die drei wichtigsten physiologischen Akte des Menschen: Geburt, Ehe, Tod.

Die frühesten Erhebungen über die Geburten in ganz Frankreich fallen in die Jahre 1781, 1782, 1783, 1784. Die damals in den Taufbüchern gefundenen Zahlen waren 970,406, 975,703, 947,941, 965,648; hierunter sind aber weder die Protestanten, noch die (nicht zahlreichen) Juden begriffen; mit den Akatholiken möchte wohl die Million beinahe voll sein. Die späteren Erhebungen fingen erst mit dem neuen Jahrhundert wieder an, dann aber herrschten schon die von der Revolution eingeführten Civilstandsregister, welche mit strenger Sorgfalt geführt, alle Geburten ohne Unterschied der Religion oder des Standes einträgt [1]). Wir haben dann, in fünfjährigen Durchschnitten, folgende Gesammtergebnisse:

1801—05	912,266	1836—40	958,941
1806—10	923,865	1841—45	980,478
1811—15	930,730	1846—50	961,848
1816—20	955,094	1851—55	940,995
1821—25	974,663	1856	952,116
1826—30	976,457	1857	940,709
1831—35	975,040	1858	969,343

Merkwürdiger Weise scheint die Vermehrung der Geburten nicht mit der Volkszahl Schritt zu halten. Ja man kann sagen, dass die absolute Zahl der Geburten stationär geblieben ist, die relative hat also

---

[1]) Leider wurden die todtgeborenen Kinder nicht überall nach demselben Grundsatz eingetragen. Hier vernachlässigte man sie ganz, dort schrieb man sie blos als geboren oder gestorben auf, anderswo noch trug man sie vorgeschriebener Maassen in beide Bücher ein.

nothwendiger Weise abgenommen. So kamen 1801 3.33 Geburten auf 100 Einwohner, 1806 nur 3.14; 1821 findet man nur noch 3.07, 1831 3.03, 1841 2.82, 1851 2.70, 1856 blos 2.61. Hat grösserer Wohlstand, grössere Volksdichtigkeit Schuld daran, wie manche glauben; es lässt sich einiges zu Gunsten dieser Ansicht sagen, allein wir finden weder diese, noch einige andere bis jetzt vorgebrachte Ursachen genügend erwiesen. Wir sind überhaupt der Meinung, dass selten, vielleicht nie eine einzige Ursache allein ihren Einfluss übt; immer wirken ihrer mehrere zusammen, was aber freilich deren Auffindung erschwert.

Dem Geschlechte nach ergeben die Geburtslisten der letzten 41 Jahre 20,340,104 Knaben gegen 19,184,557 Mädchen, unter 33 Kindern waren also immer 17 Knaben und 16 Mädchen. Allein da die erwachsene Bevölkerung etwa Ein Procent mehr Frauen als Männer zählt, so ergibt sich schon hieraus, dass die Sterblichkeit beim männlichen Geschlechte stärker als beim weiblichen sein muss. Der Ueberschuss der männlichen Geburten ist jedoch eine Regel, die Ausnahmen zulässt. So hat man von 1817 bis 1857 in 19 Fällen bemerkt, dass in einzelnen (32) Departements die weiblichen Geburten zahlreicher als die männlichen waren. Da aber 86 Departements in 41 Jahren ($41 \times 86 =$) 3526 Fälle bringen, so handelt es sich hier um Einen Fall unter 60. Am öftersten wurden die Ausnahmen notirt in Corrèze, sechs Mal, in Hautes Alpes vier Mal, in Basses Alpes, Corse, Lot-et-Garonne vier Mal; in den anderen (27) Departements konstatirte man sie nur ein- oder zwei Mal; in 54 Bezirken erlitt die Regel keine Ausnahme in jener langen Periode. Die Fruchtbarkeit ist natürlich nicht überall dieselbe. Am stärksten scheint sie in Paris zu sein, wo 3.51 Geburten auf 100 Einwohner kommen. Allein da sowohl in Paris als in den anderen Städten die Durchschnittszahl der ehelichen Geburten kleiner ist als auf dem Lande, so lässt sich die starke Verhältnisszahl der Geburten im Allgemeinen (eheliche und uneheliche) nur dadurch erklären, dass viele ledige Frauenzimmer dorthin gehen, um ihre Niederkunft zu verheimlichen. Blickt man auf die betreffende Karte (III), so findet man, dass ausser den Paris, Lyon, Marseille, Rouen enthaltenden Departements meist die ärmsten reich an Kindern sind, blos der Elsass ist wohlhabend und fruchtbar zugleich.

Vergleicht man die Geburten mit den in demselben Jahre geschlossenen Ehen, so gestalten sich die Verhältnisse etwas anders, besonders wenn man sich blos an die ehelichen Geburten hält. Zwar sehen wir hier auch die durchschnittliche Anzahl Kinder per Heirath nach und nach und beinahe stetig abnehmen, allein es stellt sich auch eine grössere Fruchtbarkeit auf dem Lande als in den Städten heraus. So finden wir im Anfange des Jahrhunderts mehr als 4 Kinder auf jede Heirath, in den letzten Jahren blos etwas mehr als 3 (3.11 von 1853 bis 1857), was eine durchschnittliche Verminderung von 25% ausmacht. Im Jahre 1853, welches als ein Normaljahr gilt, hatten folgende 12 Departements die wenigsten ehelichen Kinder per Heirath:

Lot-et-Garonne	2.03	Indre-et-Loire	2.41
Seine (Paris)	2.17	Aube	2.41
Eure	2.18	Sarthe	2.42
Gironde	2.26	Charente	2.44
Gers	2.36	Seine-et-Oise	2.46
Calvados	2.39	Orne	2.51

Hier finden wir wirklich, ausser der Weltstadt Paris, die meisten Departements der Normandie (Eure, Calvados, Orne) nebst einigen angränzenden, welche sich den Ruf einer grossen Vorsicht in der Vermehrung ihrer Familien erworben haben.

Die meisten Kinder im Vergleich zu den Heirathen trifft man in folgenden zwölf Departements:

Morbihan	4.74	Haut-Rhin	4.08
Côtes-du-Nord	4.67	Aveyron	4.05
Lozère	4.49	Moselle	3.83
Finistère	4.45	Ille-et-Vilaine	3.80
Hautes-Alpes	4.40	Bouches-du-Rhône	3.79
Bas-Rhin	4.33	Nord	3.76

Die Bretagne, die der Normandie zunächst gelegene Provinz, ist hier stark repräsentirt; diese beiden so benachbarten Provinzen sind in mehr als Einer Hinsicht als entgegengesetzte Pole zu betrachten. Uebrigens scheint Reichthum und Armuth nicht so viel Einfluss auf die Kinderzahl zu haben als man glaubt, da sich hier die wohlhabendsten Bezirke (Nord, Bouches du Rhône, Haut- und Bas-Rhin) neben den ärmsten (Hautes Alpes, Lozère etc.) finden.

Wenn es wahr ist, dass die Vermehrung der unehelichen Geburten ein Symptom zunehmender Korruption ist, so kann man sagen, dass in Frankreich die Moralität seit Jahrzehnten dieselbe geblieben ist. Im Anfange des Jahrhunderts waren freilich, nach den officiellen Dokumenten, nur etwa 5% der Geburten uneheliche, allein seit 40 Jahren schwankt das Verhältniss zwischen 7.50 und 8.20, ohne merkliche Zunahme. Aber man darf auch nicht vergessen, dass die Genauigkeit der dem Jahre 1817 vorangegangenen Aufnahmen angefochten werden.

Wo werden die meisten unehelichen Kinder geboren? Jeder wird gleich an Paris denken. Wirklich erreichen da die illegitimen Geburten 27.19%, unter 4 Kindern ist also 1 unehelich; in ganz Frankreich etwa 1 unter 13. Nach dem Seine-Departement finden wir die stärksten Verhältnisszahlen in folgenden [1]):

Rhône	12.78	Bouches-du-Rhône		9.53
Meurthe	12.15	Bas-Rhin		9.32
Seine-Inférieure	11.34	Marne		9.17
Calvados	10.72	Haut-Rhin		9.01
Landes	10.06	Doubs		8.97
Loiret	10.04	Vosges		8.60

Dies sind meist Bezirke, worin die Industrie vorherrscht. Warum aber drängt sich das arme, heidereiche, sandige Landes in diese Gesellschaft? Wir

---

[1]) Viele von den unehelichen Kindern werden von ihren Eltern oder blos vom Vater oder der Mutter anerkannt, was denselben gewisse Rechte gibt und Pflichten auferlegt. 1858 hat man zum ersten Male ihre Zahl aufgenommen. Von den 74,663 unehelichen Kindern jenes Jahres sind 23,612 anerkannt worden. Und zwar gab es:
Im Seine-Departement 4,138 anerk. 11,092 nicht anerk. 27.17%
In den Städten . . 7,347 „ 22,599 „ „ 24.53
Auf dem Lande . . 12,127 „ 17,330 „ „ 41.16
                 23,612   51,021   31.63

glauben, man darf nicht vom Statistiker verlangen, dass er alles erklären solle. Im vorliegenden Falle begnügen wir uns, als eine blosse Wahrscheinlichkeit anzuführen, dass die in Rede stehende Erscheinung daher rühren mag, dass in jener südwestlichen Ecke Frankreichs die Bildung oder der Unterricht mit am Weitesten zurück ist, und dass sehr viele Kinder beiderlei Geschlechts dort fast sich selbst überlassen aufwachsen in Gesellschaft mit dem ihrer Hut anvertrauten Vieh.

Die wenigsten unehelichen Kinder haben folgende Departements:

Basses Alpes	2.24%	Morbihan	3.03%
Ardèche	2.61	Puy-de-Dôme	3.06
Hautes-Alpes	2.67	Lozère	3.08
Vendée	2.80	Gard	3.30
Ille-et-Vilaine	2.97	Tarn	3.46
Lot	2.98	Tarn-et-Garonne	3.49

Es wäre nicht ohne Interesse gewesen, die Zahl der unehelichen Geburten mit der der jährlich in den Findelhäusern aufgenommenen Kinder zu vergleichen. Allein dies ist darum nicht ausführbar, weil die verschiedenen Departements hierin nicht einem einförmigen Reglement unterworfen sind. Die Unterhaltung eines sogenannten Tour [1]), wo Alle (nächtlicher Weise) gebrachten Kinder angenommen werden, hängt von dem Ermessen eines jeden Generalrathes (conseil

---

[1]) Le tour, die Drehscheibe. Wo eine solche besteht, genügt es, an das dieselbe verschliessende Thürchen zu klopfen. Dieses öffnet sich gleichsam von selbst, das Kind wird hineingeschoben, die Scheibe dreht sich und die Thüre geht wieder zu. Und die Sache ist abgemacht.

général) ab; viele derselben haben den Tour eingehen lassen, daher werden da, wo diese Einrichtung besteht, Kinder aus benachbarten Departements gebracht. Man kann also nur die ganz Frankreich betreffende Zahl angeben, wobei zu bemerken ist, dass in vielen Departements die Waisen mit den Findlingen zusammen angegeben werden. Da aber einzelne Findelhäuser aufgehoben sind, oder doch in denselben die Aufnahme der Kinder erschwert worden ist, so mögen dennoch folgende Zahlen die wirkliche Lage der Dinge annähernd angeben.

	Jährl. Durchschnitt der aufgenommenen Findelkinder.	Verhältniss zur Gesammtzahl der Geburten.	Verhältniss zu 10,000 Einwohnern.
1826	34,849	3.5	10.9
1830	36,348	3.7	10.9
1835	33,028	3.3	9.8
1840	28,402	2.9	8.3
1845	25,762	2.5	7.0
1850	24,691	2.5	6.8
1853	22,066	2.3	6.1

Die Verminderung hat eigentlich nur in 60 Departements stattgefunden, in den 26 anderen hat sich eine Vermehrung herausgestellt; das Endresultat aber zeigt, wie gesagt, eine Abnahme.

Mit der theilweisen Aufhebung der Findelhäuser [1] haben, wahrscheinlich mit Unrecht, einige französische Philantropen die Zunahme der Kindermorde in Verbindung setzen wollen. Kindermorde sind nämlich zur Kenntniss der Obrigkeit gekommen:

---

[1] Statt der Findelhäuser hat man ein System der Unterstützung „unverheiratheter Mütter" (filles-mères) eingeführt.

```
1826—1832  1 auf 10,174 Geburten oder 336,455 Einw.
1833—1839  1  „   8,038     „       „  275,534   „
1840—1846  1  „   6,949     „       „  245,806   „
1847—1853  1  „   5,718     „       „  212,559   „
```

Das heisst, in 27 Jahren hat sich deren Zahl beinahe verdoppelt, ein Umstand, der vielleicht blos den Fortschritt der Bildung, wenigstens der äussern, gesellschaftlichen Bildung andeutet.

Wir müssen noch, aber blos im Vorbeigehen, die Todtgeburten erwähnen. Nach den in den letzten 12 Jahren gemachten Beobachtungen kommen etwa $13\frac{1}{2}\%$ der ehelichen Kinder, und doppelt so viele uneheliche todt auf die Welt. Es sieht Jeder leicht ein, warum letztere diesen traurigen Vorzug haben.

Dieselbe Schwankung um eine Mittelzahl, der wir im Vorstehenden schon einige Male begegnet sind, finden wir auch in den letzten 20 Jahren bei den Ehen wieder. Im vorigen Jahrhundert ergaben die Aufnahmen: 1781 236,503 Heirathen, 1782 224,890, 1783 228,631, 1784 229,827. Von 1801 bis 1820 schwankt deren Zahl um 225,000 herum. In den zwanziger Jahren ist der Durchschnitt etwa 250,000, jetzt kann man wenigstens 285,000 dafür ansehen. Hier übrigens einige fünfjährige Durchschnitte und die Zahlen von 1856 bis 1858:

```
1821—25  241,347 Ehen    1846—50  277,941 Ehen
1826—30  253,893  „      1851—55  280,741  „
1831—35  259,754  „      1856     287,029  „
1836—40  272,552  „      1857     295,510  „
1841—45  282,733  „      1858     307,056  „
```

Die Theuerung von 1847 und die Gewerblosigkeit von 1848—50 haben gewiss die geringe Zahl der Heirathen in der Periode 1846—50 zu verantworten; ohne die Revolution hätte sich höchst wahrscheinlich eine stetige Zunahme gezeigt. Wir sind aber nicht der Meinung, dass man bei der Bildung von Durchschnittzahlen von den beiden (höchsten und niedersten) Extremen abstrahiren und blos den Durchschnitt der mittlern Jahre nehmen soll. Diese Extreme sind nun einmal da, und man muss in der Berechnung sowohl als in der Praxis darauf Rücksicht nehmen. Dieselben weglassen hiesse: „Wenn wir nicht zuweilen krank wären, so wären wir immer gesund." Eine solche Wahrheit (truisme auf Englisch) müssen wir dem Herrn von Lapalisse zu sagen überlassen. Thatsache ist, dass zuweilen Perturbationen, Krisen eintreten, sie müssen daher einen Posten in unserer Rechnung bilden.

Die meisten Ehen, etwa 83%, finden unter ledigen Personen statt; zwischen ledigen Männern und Witwen zählt man deren etwas mehr als 3.50%, zwischen Witwern und Witwen etwas weniger als 3.50%; ungefähr 10% der Ehen aber werden zwischen Witwern und ledigen Frauenzimmern geschlossen.

Für die Jahre 1853 und 1854 hat man etwas detaillirtere Daten, welche folgende interessante Zusammenstellung zulassen. Da diese beiden Jahre nur unbedeutend von einander abweichen, so begnügen wir uns, die Resultate von 1853 zu geben.

	Seine-Departement.	Stadt-Bewohner.	Land-Bevölkerung.	Gesammtbevölkerung.
Zwischen ledigen Personen	12,749	55,791	164,463	233,003
„ ledigen Männern u. Witwen	789	3,204	7,046	11,039
„ Witwern und led. Frauenz.	1,556	6,672	18,316	26,544
„ Witwern und Witwen	581	2,542	6,900	10,023
	15,675	68,209	196,725	280,609

Hieraus ergeben sich folgende Verhältnisszahlen:

	Seine-Departement.	Stadt-Bewohner.	Land-Bevölkerung.	Gesammtbevölkerung.
Zwischen ledigen Personen	81.33	5.03	9.93	3.71
„ ledigen Männern u. Witwen	81.79	4.70	9.78	3.73
„ Witwern und led. Frauenz.	83.60	3.58	9.31	3.51
„ Witwern und Witwen	83.03	3.94	9.46	3.57

Sollte man aus dieser Zusammenstellung schliessen können, dass in den Städten und besonders in Paris mehr blosse Convenienz- und weniger Liebesheirathen als auf dem Lande stattfinden? In einem anderen Punkte, worüber gewiss Jedermann um sich herum Beobachtungen gemacht hat, bestätigt ebenfalls die Statistik die Erfahrung, dass auf dem Lande gewöhnlich die Ehen unter jüngeren Personen als in der Stadt geschlossen werden.

Gehen wir nun zur Betrachtung der Sterbefälle über.

In der schon angeführten Periode 1781—84 war die Anzahl der Todesfälle 881,138, 948,502, 952,205, 887,155. Vom Anfang des Jahrhunderts an haben wir periodenweis folgende Jahresdurchschnitte:

1801—05	jährlich	817,386	1816—20	jährlich	737,035
1806—10	„	767,542	1821—25	„	765,946
1811—15	„	789,332	1826—30	„	815,444

1831—35	jährlich	856,656		1851—55	jährlich	870,670
1836—40	„	818,737		1856	„	837,082
1841—45	„	796,715		1857	„	858,785
1846—50	„	857,868		1858	„	874,023

Vergleicht man die Sterbefälle mit den Geburten, so findet man in jeder der obigen Perioden einen Ueberschuss zu Gunsten der Geburten. Derselbe wird für die letzten 40 Jahre auf 159,000 jährlich berechnet; nur wenn man Jahr für Jahr neben einander stellt, ergibt sich, dass 1854 und 1855 ein entgegengesetztes Verhältniss zeigen. Herrschten doch damals Krieg, Theuerung und verheerende Krankheiten zumal, beinahe sämmtliche Plagen, die das menschliche Geschlecht heimsuchen können, freilich im hohen Grade gelindert durch eine ausgebildete Civilisation. Im Mittelalter würden unter gleichen Umständen zehn Mal so viele Menschenleben vernichtet worden sein.

Der Einfluss, den die Kultur — Wissen, Sittlichkeit und Wohlstand — auf die Verlängerung des Lebens oder wenigstens auf die **Verminderung der Todesursachen** ausübt, ist unbestreitbar. Man hat daher stets mit grosser Aufmerksamkeit das Verhältniss der Sterbefälle zu den Lebenden — ein Verhältniss, das beinahe der mittlern Lebensdauer entspricht — studirt und aus dessen Fluktuationen mancherlei Schlüsse gezogen. In Frankreich finden wir vom Anfang des Jahrhunderts an [1] folgende Ergebnisse:

---

[1] Für das 18. Jahrhundert hat man keine sichere Basis. Die zuweilen angeführten Zahlen haben keinen Werth. Hier im Text

	Ein Sterbefall auf				Ein Sterbefall auf		
1801	33 Einw.	oder	3.33%	1852	44.33 Einw.	oder	2.25%
1806	38 „	„	2.63	1853	45.36 „	„	2.20
1821	40 „	„	2.50	1854	36.38 „	„	2.79
1831	37 „	„	2.70	1855	38.46 „	„	2.60
1841	41 „	„	2.44	1856	43.25 „	„	2.31
1846	41 „	„	2.44	1857	42.21 „	„	2.37
1851	41 „	„	2.44				

Im Ganzen hat also die Sterblichkeit abgenommen. Rückfälle finden freilich noch statt, denn in jedem Jahre ist der Mensch anderen Einflüssen ausgesetzt, und manche derselben sind seiner Gesundheit schädlich oder halten sein Gedeihen auf; allein der Fortschritt ist unverkennbar. Manche Umstände haben überdies eine dauernde Einwirkung, daher kommt es, dass die Sterblichkeit in den Städten — trotz der näheren ärztlichen Hülfe, des grösseren Wohlstandes und der allgemeineren Bildung — stärker ist als auf dem Lande. So ist der Procentsatz gewesen

	1853	1854	1857	1858
Im Seine - Departement	2.94	3.56	2.71	2.74
In den Städten . . .	2.55	3.44	2.80	2.85
Auf dem Lande . . .	2.04	2.50	2.45	2.41

Die Departements zeigen gleichfalls einen verschiedenen Grad der Sterblichkeit, je nach ihrer geographischen Lage, nach der Beschäftigung der Mehrzahl der Bewohner, oder nach den lokalen Verhältnissen. Wer kann alle die Ursachen auffinden, die in Finisterre die Mortalität grösser machen, als z. B. in Charente inférieure, Gers oder Tarn-et-Garonne

---

haben wir nur die Jahre berücksichtigt, in welchen man Zählungen vorgenommen hatte. Bis 1851 incl. haben wir fünfjährige Durchschnitte der Sterbefälle genommen, von 1852 an die dem Jahr gehörige Zahl.

(s. die Karte VI). Der Procentsatz schwankt übrigens blos zwischen 2 und 3, allein man darf nicht vergessen, dass 3 50% mehr als 2 ist, was den Unterschied sehr fühlbar macht. Unter die Einflüsse auf die Lebensdauer müssen natürlich das Geschlecht und das Alter gerechnet werden. Im grossen Durchschnitt (seit 40 Jahren) sterben in Frankreich 66 Individuen männlichen gegen 65 Personen weiblichen Geschlechts. Das Alter — die Entwickelung des Körpers von der Geburt bis zur Auflösung — wirkt direkter ein. Dass die Sterblichkeit bei den Kindern und den Greisen stärker ist als in der Jugend und im „kräftigen" Mannesalter, weiss Jeder; die Statistik gibt dieser Erfahrung nur einen bestimmten Ausdruck. Folgende Tabelle zeigt, auf wie viele Einwohner eines jeden Alters Ein Sterbefall in Paris, in den anderen Städten und auf dem Lande kommt.

Alter.	Seine-Departement.	Stadt-Bewohner.	Land-Bevölkerung.
Weniger als 1 Jahr alt	6	6	5½
Von 1 bis 2 Jahre alt	10	12	17
„ 2 „ 3 „ „	18	22	31
„ 3 „ 4 „ „	24	34	48
„ 4 „ 5 „ „	33	47	62
„ 5 „ 10 „ „	77	91	101
„ 10 „ 15 „ „	125	139	146
„ 15 „ 20 „ „	71	99	117
„ 20 „ 25 „ „	44	65	92
„ 25 „ 30 „ „	36	70	99
„ 30 „ 40 „ „	47	74	94
„ 40 „ 50 „ „	43	62	78
„ 50 „ 60 „ „	28	40	45
„ 60 „ 70 „ „	19	24	24
„ 70 „ 80 „ „	10	10	10
„ 80 „ 90 „ „	5	5	5
„ 90 „ 100 „ „	2	3	4

Das heisst, unter 6 Kindern stirbt eins, unter zwei Greisen von 90 bis 100 Jahren stirbt einer; dagegen stirbt in Paris unter 125, in den anderen Städten unter 139, und auf dem Lande unter 146 Ein Knabe oder Mädchen im Alter von 10 bis 15 Jahren. Diese Tabelle ist so klar, dass wir uns füglich enthalten können, auf weitere Entwickelungen einzugehen.

Um ein vollständiges Bild der physischen Beschaffenheit der Bevölkerung Frankreichs aufzustellen, ist es nöthig, noch einiger Punkte zu erwähnen, deren Wichtigkeit immer mehr erkannt wird: es sind dies die Infirmitäten, Gebrechen und überhaupt Gesundheitszustände. Diese Punkte, wenn man vollständigere Daten hätte, würden vielleicht ein helles Licht auf manches werfen, was in der Bewegung der Bevölkerung dunkel bleibt. Die bisher so zahlreich gesammelten Thatsachen beziehen sich meist nur auf das männliche Geschlecht, und zwar im militärdienstpflichtigen Alter. Hierüber gibt das „Compte-rendu sur le Recrutement de l'armée" höchst schätzenswerthe Angaben, die wir ihrer Menge wegen kaum bewältigen können. Hier nur Einiges.

Im Jahre 1859 wurden von den 305,943 zwanzigjährigen jungen Leuten, die sich der Militärkommission vorstellten, blos 267,333 untersucht, damit war die nöthige Zahl (140,000 Mann) voll. Unter diesen 267,333 jungen Leuten fanden sich 384 mit Flechten behaftete, 507 mit Grind, 111 Blinde (27 durch Unglücksfälle erblindet), 1272 einäugige, 187 schielende,

742 **sehr** kurzsichtige, 268 Taubstumme (von Geburt), 390 taubgewordene, 2010 hatten ihre Zähne verloren (alle oder viele), 755 stammelten, 36 fehlte der Geruchsinn, 3863 hatten Brüche, 513 hatten Herzkrankheiten, 164 die Auszehrung, 437 sonstige Krankheiten der Athmungswerkzeuge, 1659 fehlte ein Glied (Hand oder Fuss) von Geburt an (653) oder durch einen Unglücksfall (1006), 2657 waren lahm, 1981 hatten ein verbogenes Rückgrad, 22,200 litten an schwacher Körperkonstitution, 16,501 fehlte die vorschriftsmässige Grösse. Im Ganzen wurden 80,320 junge Leute ausgeschlossen [1]). Wir haben, um diese traurige Liste abzukürzen, im Obigen nur die zahlreichsten oder sonst wichtigsten Gebrechen angeführt. Wir werden in einer dem Texte beigegebenen Tabelle die Vertheilung obiger 80,320 unter die Departements aufstellen, sowie auch die durchschnittliche Körpergrösse der Rekruten. Hier möchten wir nur darauf aufmerksam machen, dass sich wirklich ein bedeutender Unterschied in der Grösse in den verschiedenen Bezirken Frankreichs herausstellt. Merkwürdiger Weise gehören die grössten jungen Leute meist den nördlichen, besonders aber den östlichen Regionen Frankreichs an. Ain, Côte d'or, Doubs, Jura, Haute Saône, Yonne, Nord etc. liegen im Norden und Osten, Cotes du Nord, Dordogne, Sarthe, Finisterre, Haute Vienne, Corrèze, Tarn im Westen

---

[1]) Es gibt bekanntlich noch andere Befreiungsgründe, z. B. Lehramt, ältester Sohn einer Witwe oder eines siebenzigjährigen Vaters, Bruder eines dienenden Militärs u. s. w.

und Süden. — So betrübend der Gegenstand auch an sich ist, so müssen wir doch noch einige Augenblicke bei den Schattenseiten des menschlichen Lebens verweilen. Wir können aber hier kurz sein, da wir vollständigere Tabellen dem Texte beigegeben haben, wohin wir den Leser verweisen.

Im Jahre 1856 hat man im Census 38,413 Blinde gezählt, und zwar 21,005 männlichen und 17,408 weiblichen Geschlechts. Die grosse Mehrzahl dieser Blinden, vielleicht 75%, sind es erst nach der Geburt durch Krankheit oder Unglücksfälle geworden. Man will bemerkt haben, dass die südlichen Gegenden dem Gesicht gefährlicher als die nördlichen sind; in Frankreich lässt sich dies nicht mit genügender Strenge nachweisen, obgleich sich allerdings Einiges auch hier dafür sagen lässt.

In demselben Census sind auch die Taubstummen, aber wie man glaubt nicht vollständig, aufgenommen worden. Die Zusammenstellung, wonach in den östlichen (bergigen) Bezirken 93, und in den westlichen (flachen) Gegenden 70 Taubstumme auf 100,000 Einwohner kommen, entbehrt daher alles wissenschaftlichen Werthes. Auch hier findet man mehr Individuen männlichen (12,236) als weiblichen (9318) Geschlechts, welche mit diesem Gebrechen behaftet sind [1]).

Aehnlich wie gegen die Aufnahme der Taubstum-

---

[1]) Vielleicht blos, weil die Frauenzimmer mehr zurückgezogen leben und ihre Gebrechen nicht so bekannt werden.

men kann man auch gegen die Zählung der Idioten
und Kretinen, auch der Irren, Einwendungen machen.
Wir haben jedoch, der Vollständigkeit wegen, die
Irrsinnigen in unserer Tabelle mit inbegriffen, mögen
aber keine Reflexionen daran knüpfen. Der Vergleichung wegen fügen wir hinzu, dass die letzten
über die Irren publizirten Tabellen nicht, wie im
Census, sich auf alle Wahnsinnigen beziehen, sondern
blos auf die in den öffentlichen oder Privat-Anstalten
behandelten. Die Zahl der in diesen Anstalten sich
befindenden Irren ist im zehnjährigen Durchschnitt
etwa 20,000, wovon 47.17% männlichen und 52.23%
weiblichen Geschlechts sind. Wir haben uns an die
Aufnahmen in der Zählung von 1856 gehalten. Neben
die Irren stellt man wohl passend die Zahl der
Selbstmörder; dieselbe schwankt jährlich um 4000
(1858 3967), wovon 22 bis 25% Frauen.

Die Charte von 1830 sagte : „Die katholische
Religion ist der Kultus der Mehrzahl der Franzosen."
Als wir dies zum ersten Male lasen, konnten wir uns
nicht erklären, warum diese statistische Notiz einen
Platz in jenem Dokument gefunden hatte. Wir glauben
jetzt über diesen Punkt eine tiefere Einsicht gewonnen
zu haben, finden aber immer noch die statistische Seite
der Sache der Wahrheit gemäss. Wirklich zählt man
in Frankreich, unter beinahe 37 Millionen Menschen,
blos etwa 1,500,000 Protestanten und 100,000 Juden.
Genau weiss man diese Zahlen nicht, denn die Richtigkeit der offiziellen Angaben sind heftig bestritten

worden, die Behörde selbst hat ihren Werth entkräftet [1]).

Ueber die Vertheilung der Protestanten, die im Elsass lutherisch, in anderen Bezirken reformirt, und in Paris ungefähr in gleicher Anzahl beiden Confessionen angehören, gibt die Karte VII hinlänglich Auskunft. Wie man sieht, haben eine Menge Departements nicht Eine protestantische Gemeinde. Trotz des Widerstandes der Lokalbehörden scheint aber doch der Protestantismus etwas zuzunehmen. Von einer eigentlichen aktiven Propaganda ist aber nichts zu merken. Fügen wir hinzu, dass vorurtheilsfreie Katholiken, und deren gibt es eine Menge in Frankreich, der ausgezeichneten Moralität und der Gewerbstüchtigkeit der Protestanten volle Gerechtigkeit widerfahren lassen. Dies sind noch Nachwirkungen der früheren Verfolgungen. Verfolgungen wirken wie Feuer, sie reinigen.

Die verhältnissmässig kleine Zahl der Nichtkatholiken ist auch ein Hauptgrund, warum man auf manchen Tabellen es unterlässt, die Religion zu berücksichtigen; dies ist besonders auf die Kriminalstatistik anwendbar. Die französischen Berichte unterscheiden hier nicht den Kultus, obgleich auf sehr viele, oft höchst interessante Einzelnheiten eingegangen wird. Geben wir zuerst die Hauptresultate.

---

[1]) Die offiziellen Angaben sind schwächer als unsere, aus anderen Quellen geschöpfte.

Perioden und Jahre.	Zahl der Beschuldigten[1]). Verbrechen gegen			Unter 1000 Beschuldigten kamen auf Verbrechen gegen	
	Personen.	Eigenthum.	Summa.	Personen.	Eigenthum.
1826—1830	1824	5306	7130	256	744
1831—1835	2371	5095	7466	318	682
1836—1840	2153	5732	7885	273	727
1841—1845	2186	4918	7104	308	692
1846—1850	2438	4992	7430	328	672
1851—1855	2353	4751	7104	331	669
1856	2108	4016	6124	334	656
1857	1966	3807	5773	341	659
1858	2280	3095	5375	424	576

Wie man sieht, bietet sich hier die erfreuliche Erscheinung einer seit mehreren Jahren stetig fortschreitenden Abnahme der Verbrechen dar. Dabei haben merkwürdiger Weise die Verbrechen gegen das Eigenthum sich stärker vermindert als die gegen Personen, trotz des steigenden Luxus und der zunehmenden Genusssucht, wir möchten hinzufügen: trotz des gesteigerten Neides gegen die vom Schicksal Begünstigten. Die verhältnissmässige Zahl der gegen die Personen gerichteten Verbrechen zeigt selbst eine Zunahme, was mit der Milderung der Sitten und der Verweichlichung der Charaktere in Widerspruch zu stehen scheint. Uebrigens haben fast alle Verbrechen gleichmässig abgenommen, jede Klasse derselben behauptet also Jahr aus Jahr ein gegen die andere ungefähr seinen Rang. Wir werden uns daher an die Tabelle für 1858 halten, jedoch mit Berücksichtigung der früheren Jahre.

---

[1]) Es sind in dieser Tabelle nur diejenigen Beschuldigten berücksichtigt, die wirklich vor Gericht gestanden haben.

Von den fünf schwersten Verbrechen: Meuchelmord 1851 280, und 1858 196 Fälle [1]), Todtschlag 196 und 114, Vergiftung 38 und 33, Vater- oder Muttermord 20 und 17, Kindermord 164 und 224, zeigt blos das letztere eine Vermehrung. Verwundungen, welche den Tod — absichtslos — verursachten 130 und 82, schwere Verwundungen 157 und 65, Schläge und Verwundungen der Eltern 110 und 57; Rebellion oder Gewaltthätigkeiten gegen Beamte 51 und 14; Nothzucht u. s. w. an Erwachsenen 242 und 238 (1855 blos 160, 1856 181, 1857 188), gegen Kinder 615 und 784 (1853—1855 weniger als 600, 1857 617). Ferner falsche Zeugen 82 und 65, Falschmünzerei 72 und 34, Fälschungen (von Urkunden, Namensunterschriften u. s. w.) 462 und 402. Qualifizirte Diebstähle kamen 1851 2233 und 1858 1542 vor; Brandstiftungen 218 und 223, Bankerotte („banqueroute frauduleuse") 62 und 114.

Die Beständigkeit — wenigstens die geringen Schwankungen — in den Verhältnissen der Verbrechen unter einander, welche wir schon oben hervorgehoben haben, lassen sich auch in der folgenden Zusammenstellung bemerken [2]). So gab es unter 1000 Beschuldigten

---

[1]) Die Gesammtzahl der Beschuldigten ist stärker als die der Verbrechen, da bei letzterer öfters mehrere Personen zugleich betheiligt sind.
[2]) Wir machen darauf aufmerksam, dass die Tabelle sieben verschiedene Zusammenstellungen enthält.

	1854	1855	1856	1857	1858
Verbrecher gegen Personen	276	311	344	341	424
„ „ Eigenthum	724	689	656	659	576
Männer	815	819	818	821	831
Frauen	185	181	182	179	169
Weniger als 21 Jahre alte	150	153	146	145	144
Von 21 bis 40 „ „	559	550	544	552	566
„ 40 „ 60 „ „	254	259	265	256	240
Ueber 60 Jahre alte	37	38	45	47	50
Unverheirathete	520	490	501	509	529
Verheirathete	425	435	436	432	412
Verwitwete	35	66	63	59	59
Stadtbewohner	569	547	540	537	572
Landbewohner	378	397	411	413	371
Ohne bestimmten Wohnsitz	53	56	49	50	57
Ackerbauer, Taglöhner etc.	390	357	361	352	373
Handwerker, Arbeiter	330	342	334	342	330
Dienstboten	73	82	71	65	68
Kaufleute, Krämer, Wirthe	91	93	101	101	100
Gelehrte, Künstler, Rentner u. s. w.	57	67	71	75	69
Vagabunden u. s. w.	59	59	62	65	60
Ganz unwissend waren	478	433	441	438	440
Konnten kaum lesen	408	384	381	384	381
Konnten gut lesen und schreiben	79	136	122	122	127
Hatten einen höheren Grad von Unterricht genossen	35	47	36	56	46

Wir haben uns länger bei den Verbrechen aufgehalten, weil diese in allen Ländern gleich verpönt sind. Bei einem Theil der Vergehen, besonders den blossen Uebertretungen, ist dies nicht, wenigstens nicht in gleich hohem Grade, der Fall. Manche Thatsachen sind diesseits des Kanals, der Pyrenäen oder des Rheines strafbar, aber nicht jenseits oder umgekehrt. Wir könnten, wenn der Raum es uns erlaubte, auf diesen Punkt einzugehen, manche Beispiele anführen. Wie dem nun auch sei, im Jahre 1854 hat man 206,794 Vergehen, und in Folge stetiger Abnahme 1858 deren blos 171,490 gezählt (256,670 und 211,081 Beschuldigte). Am stärksten sind hierbei die einfachen Diebstähle (39,484 1854, gegen 29,374 im Jahre 1858), die Vergehen gegen die Jagdgesetze (25,728 und 23,640), gegen die Forstgesetze (60,857 und 38,081 [1]) vertreten. Dann kommt falsches Maass und Gewicht (1854 7851, und 1858 6802), Vagabondiren (7242 und 6103), Bettelei (6852 und 4068), Benutzung schon gebrauchter Postmarken (etwa 2000 in beiden Jahren). Wie man sieht, handelt es sich hierbei zuweilen um Vergehen geringerer Art. So ist es z. B. streng genommen ein Vergehen, die Jagd-Erlaubniss nicht in der Tasche zu haben, oder im Vorbeigehen im Walde sich einen Stock zu schneiden. Aehnliches gilt von den Uebertretungen. Dergleichen sind z. B., wenn man vergisst, vor seiner Thüre zu kehren, oder Blumentöpfe, die auf dem Fenstersims stehen, anzubinden, oder wenn die Kutsche im Orte schneller als im Trabe fährt. Es gibt freilich auch wichtigere Uebertretungen, allein der ehrlichste, sittlichste Mann kann nicht sicher sein, jedes Polizei-Reglement zu beobachten. Daher scheinen

---

[1]) Grössere Nachsicht in der Bestrafung mag an dieser Verminderung ihren Theil haben.

uns die 1858 von den 2681 Polizeigerichten gegen 548,491 Personen gesprochenen 411,649 Urtheile nichts weder für noch gegen die Moralität der Bewohner zu sagen. Man möge ja nicht glauben, dass wir die Uebertretungen an sich in Schutz nehmen oder die Behörden der Uebertreibung bezüchtigen wollen. Im Gegentheil, wir wissen, dass in der Praxis mit grosser Nachsicht gegen blosse Uebertreter gehandelt wird; da aber gesetzlich keine Entschuldigung angenommen werden darf (ausser force majeure), so muss, wenn nicht der Richter, doch der Moralist die „bonne foi" berücksichtigen [1]).

So hätten wir also einen kurzen Ueberblick der Kriminalität gegeben. Wünschenswerth wäre es, als Gegenstück ein Bild der Tugenden aufstellen zu können. Allein dies wird wohl nie ausführbar sein, besonders da eben die grössten Tugenden sich am meisten verstecken. In Ermangelung genügender Daten über diesen Punkt wollen wir einige über den Unterricht oder die Verbreitung des Wissens geben. Der Unterricht ist ja eines der drei Mittel, die zu gleicher Zeit angewendet werden müssen, um den Menschen zur Tugend zu e r z i e h e n. Die beiden anderen sind Gewöhnung und gutes Beispiel.

Als materielle Scheidelinie zwischen Wissen und Unwissenheit wird nicht mit Unrecht das Lesenkönnen betrachtet. Dies ist freilich nur die erste Stufe, aber

---

[1]) Es ist nicht ohne Interesse, die Karte der Kriminalität mit den Karten der Volksdichtigkeit, der unehelichen Geburten, der Wohlhabenheit zu vergleichen.

nur über sie „führt der Weg ins Heiligthum". Seit vielen Jahren wird in Frankreich der Grad des Wissens der militärpflichtigen jungen Leute konstatirt. Dadurch hat man gefunden, dass unter 1000 zwanzigjährigen Burschen im Jahre 1827 wenigstens 420 lesen konnten. Zehn Jahre später, 1836, war das Verhältniss auf 540 gestiegen; das Gesetz von 1833 hatte nämlich nicht die Kinder, sondern die Gemeinden **schulpflichtig** gemacht [1]). In weiteren zehn Jahren, 1846, wurde 604 erreicht, und 1859 zählte man schon 670 unter 1000, die wenigstens lesen konnten.

Diese Zahlen geben den Durchschnitt für ganz Frankreich an; wie sich denken lässt, ist aber eine grosse Verschiedenheit zwischen den einzelnen Bezirken. In manchen fand man 1859 blos 3% (Doubs) gänzlich Unwissende, in manchen 5% (Haute-Marne, Meuse, Bas-Rhin) oder 6% (Moselle), 7% (Jura, Meurthe, Seine, Vosges). Dagegen gibt es noch Departements (Haute Vienne, Allier, Corrèze), worin 66 oder 67% weder lesen noch schreiben können. Auf der Karte VIII wird man sehen, dass die mit deutschen Elementen gemischten Gegenden weiter vorgeschritten sind als die, welche das celtische Blut reiner erhalten haben. Jetzt sieht es — auf der Karte wenigstens — aus, als ob das Wissen von Deutschland herüberleuchte.

---

[1]) d. h. die Eltern können nicht gezwungen werden, ihre Kinder in die Schule zu schicken (ein solches Gesetz wird jetzt von Vielen gewünscht), aber jede Gemeinde muss eine Schule unterhalten und die armen Kinder unentgeltlich aufnehmen.

Dieselben Departements zeichnen sich überdies auch dann aus, wenn man die Untersuchung auf die Zahl der die Schule besuchenden Kinder stützt. Im Jahre 1857 waren in sämmtliche Elementarschulen Frankreichs 3,850,000 Kinder eingeschrieben, wovon 2,250,000 Knaben und 1,600,000 Mädchen (in runder Summe). 26 Jahre früher, 1831, zählte man blos 1,955,000 Kinder (1,200,000 Knaben und 735,000 Mädchen) in den Primärschulen, der Fortschritt ist also grösser für das weibliche Geschlecht. So rasch war oder ist aber die Zunahme nicht im mittleren und höheren Unterricht; dies erklärt sich übrigens einfach dadurch, dass die höheren Stufen nicht so vernachlässigt gewesen waren, also auch nicht so viel einzuholen hatten. Im vorigen Jahrhundert (1763) sollen die den mittleren Schulen (Gymnasien u. s. w.) entsprechenden Anstalten 72,747 Schüler gehabt haben; 1842 aber war ihre Zahl nur 69,341, etwas mehr als 2% der Bevölkerung. Im Jahre 1850 stieg sie auf 99,623, und 1854 erreichte sie 108,333. Neuere Angaben hat man nicht.

Im höheren oder besser Fakultäts-Unterricht lässt sich eine Abnahme gegen frühere Jahre verspüren. 1856 waren nur 3112 (statt mehr als 4000) Studenten der Rechte immatrikulirt; dazu kommen 1405 Mediziner, 242 bei der Fakultät „des Sciences" und 3046 bei der Fakultät der „Lettres" eingeschriebene. Diese beiden letzteren entsprechen der philosophischen Fakultät. Die theologischen Fakultäten zählten blos 175 Studenten, wenn wir nicht irren Protestanten ¹), da die katholischen Geistlichen in den unter bischöflicher Leitung oder Obhut stehenden Seminarien gebildet werden. Zum höheren Unterrichte gehören noch die Schüler der Apothekerschulen, der polytechnischen Schule, der Berg- und Strassenbau-Schulen und andere mehr. Uebrigens wenn wir statt der Schüler die Lehranstalten vorrechnen wollten, so hätten wir das Collège de France, das naturhistorische Museum, das Conservatorium der technischen Gewerbe, wo die Schüler nicht immatrikulirt werden, die Maler- und Zeichenschulen, die Musik- und Deklamirschule und noch viele andere erwähnen müssen. Wer wird sich wundern, dass das Unterrichts-Inventarium eines so grossen und blühenden Staates wie Frankreich, der mit Recht oder Unrecht sich an der Spitze der Civilisation denkt, eine lange Liste bildet, die wir bei Weitem nicht vollständig gegeben haben? Wer kann einen so reichen Stoff in wenigen Blättern erschöpfen? ²).

Ein anderer, ebenfalls in moralischer, aber auch in socialer Hinsicht höchst wichtiger Stoff bilden die Wohlthätigkeit und einige Anstalten, die eben zum Zweck haben, einem Theile der Bevölkerung die Wohlthätigkeit entbehrlich zu machen: wir meinen die „Institutions de prévoyance", ein Ausdruck, den Dr. Engel sehr gut mit „Anstalten der Selbsthülfe"

---

¹) Montauban reformirt, Strassburg lutherisch.
²) S. unsere „Statistique de la France comparée etc. Paris, Amyot 1860. t. I."

übersetzt hat [1]). Wir können leider auch hier nur kurze Andeutungen geben.

Bemerken wir vor Allem, dass die Unterstützung (assistance) in Frankreich nicht wie in England obligatorisch ist. Es besteht zwar ein nicht förmlich aufgehobenes Gesetz aus der Revolutionszeit, welches den Gemeinden gewisse Verpflichtungen gegen ihre (ansässigen) Armen auflegt, allein dasselbe ist nie ausgeführt worden, und wird in der Praxis als nicht bestehend angesehen. Für zwei Klassen von Unglücklichen macht man jedoch eine Ausnahme: für die Findlinge und die Irren. Jene müssen erzogen, diese gepflegt oder in Obhut genommen werden. Es versteht sich, dass hier noch polizeiliche Gründe mitwirken. Die Wohlthätigkeit ist also freiwillig, und wird theils privatim von jedem ausgeübt, der den inneren Drang dazu fühlt, theils von Privatgesellschaften gehandhabt, theils auch von der Obrigkeit verwaltet. Die Dokumente, aus denen wir in den folgenden Zeilen einige Daten mittheilen werden, beziehen sich blos auf die unter der Leitung der Behörden stehenden Anstalten.

Nach der neuesten Aufnahme (1853) bestehen 10,691 „Bureaux de bienfaisance", Wohlthätigkeits-Comité's; also hat nicht jede Gemeinde das ihrige. Diese Comité's haben 12,328,467 Francs an 1,022,996 Individuen vertheilt, und zwar 2,520,037 Francs in Geld, das übrige in Naturalien.

---

[1]) Prévoyance ist eigentlich Voraussicht.

Die 1324 Spitäler und Hospizien haben 53,760,596 Francs ausgegeben. In 1035 Spitälern wurden 447,373 Kranke behandelt, und zwar 262,293 Männer, 22,895 Knaben, 142,154 erwachsene Frauenzimmer, 20,031 junge Mädchen. Die Hospizien enthalten 94,950 Greise, davon sind etwas mehr als die Hälfte (48,310) Männer.

Von den Findlingen sowohl als den Irren ist schon Erwähnung geschehen. Es bleibt also noch hinzuzufügen, dass in 2204 Kleinkinderschulen 217,156 Kinder die erste Pflege erhalten. 1345 von diesen Anstalten mit 176,351 Kindern werden von Gemeinden unterhalten, 859 sind Privat-Unternehmen und stützen sich nur zum Theil auf die Wohlthätigkeit.

Die Vertheilung einiger dieser Zahlen nach den Departements begnügen wir uns, auf eine Tabelle am Ende des Textes zu verweisen; wir müssen jedoch ausdrücklich bemerken, dass wir diese Zusammenstellung, oder wenigstens jede einzelne Kolumne derselben, nicht als einen Maasstab der relativen Verbreitung des Wohlthätigkeitssinnes selbst nicht der Armuth betrachtet wissen wollen. Uns scheint, dass in Gegenden, wo die offiziellen Unterstützungs-Anstalten weniger zahlreich sind, die Lücke wahrscheinlich von der Privat-Wohlthätigkeit ausgefüllt wird, letztere also auch in Betracht gezogen werden müsste. Darüber hat man aber natürlich nur ganz in der Luft stehende Schätzungen.

Ein anderer Punkt, der bei der Beurtheilung des Wohlthätigkeitsinnes in Betracht gezogen werden müsste, sind die in jedem Bezirk mehr oder minder zahlreich vorhandenen Anstalten der Selbsthülfe: Sparkassen, gegenseitige Unterstützungskassen, Theilnehmer an der Altersversorgungskasse [1]) u. dgl. Von welchem Belange aber diese Anstalten sind, geht aus folgender summarischen Notiz hervor.

Am 1. Januar 1860 gab es in Frankreich 433 Sparkassen und 1,121,465 Sparkassenbücher, d. h. eins für 32 Einwohner. Die Zahl der Theilnehmer an den Sparkassen ist in stetem Zunehmen, und zwar in allen Bezirken: in den wohlhabenden mehr, in den minder reichen weniger. In 25 Departements gibt es mehr, in 61 weniger Sparkassenbücher (livrets) als obige Durchschnittszahl; am meisten im Seine-Bezirk: eins auf 7.3 Einw., am wenigsten in Ariége: eins auf 450 Einwohner. Das Gesammtguthaben der 1,121,465 Einleger betrug am 1. Januar 1860 336,461,832 Francs. Im Laufe des verflossenen Jahres waren mehr als 146½ Millionen eingezahlt, und etwa 132 Millionen zurückgefordert oder (14 Millionen) als die gesetzliche höchste Einlage übersteigend, von Amtswegen in Staatspapieren angelegt.

Auf Gegenseitigkeit gegründete Unterstützungsvereine („Sociétés de secours mutuels") gab es Ende 1859 4118 mit 534,233 Mitgliedern. 61,378 der letzteren sind Ehrenmitglieder, welche blos ihren Beitrag liefern, aber keine Unterstützung verlangen,

---

[1]) „Caisse de retraites pour la vieillesse" kann auch mit (Staats)renten-Versicherungskasse übersetzt werden.

die 472,855 theilnehmenden Mitglieder (darunter 69,970 Frauen) tragen bei und empfangen auch eine Unterstützung im Fall einer Krankheit. 109,270 Männer und 20,444 Frauen waren im Jahre 1859 krank gewesen, und die Anzahl der Krankheitstage erreichte die Höhe von 2,251,961 für die Männer und 324,690 für die Frauen; Sterbefälle wurden 6092 gezählt. Zu welchen interessanten Zusammenstellungen diese Zahlen, besonders wenn sie eine Reihe von Jahren hindurch fortgeführt werden, Gelegenheit geben, braucht nicht erst gesagt zu werden. Das Vermögen dieser Vereine belief sich auf beinahe 20 Millionen Franken, und die Ausgaben betrugen mehr als 7 Millionen.

Die Altersversorgungskasse ist am 11. Mai 1851 eröffnet worden. Bis zum 31. December 1859 hatte dieselbe in 380,093 Einlagen 55,543,178 Francs erhalten, wovon etwa ⅗ auf Paris kommen. Bis jetzt sind schon auf 12,981 Namen 2,967,942 Francs (im Durchschnitt 228 Francs) lebenslängliche Renten ins Staatsschuldbuch eingetragen worden. Wir brauchen nicht zu sagen, dass auf jeden Theilnehmer mehrere Einlagen kommen, denn die Gesammtzahl der Conten beträgt blos 95,418. Diese Kasse, deren Wirken anfangs fast nur auf Paris beschränkt war, dehnt ihren wohlthätigen Einfluss immer mehr auf die Departements aus.

Wenn die Anzahl der Unterstützten oder die der in den Spitälern gepflegten Kranken noch keinen hinlänglichen Maasstab für die Vertheilung und

Intensität des Wohlthätigkeitssinnes sowohl als der Armuth abgeben können, so möchte die Zahl der Theilnehmer an den drei letzten Institutionen doch einen Einblick in die Verbreitung der Sparsamkeit und der Voraussicht vergönnen. Wir wollen übrigens nicht gesagt haben, dass nur die Besitzer von Sparkassenbüchern unnöthige Ausgaben vermeiden oder an die Zukunft denken, wir glauben vielmehr, dass dieselben Klassen, die früher sparten, es noch ferner thun: der fleissige Bauer legt noch jeden Frank sorgsam bei Seite, um sich ein Stückchen Land zu kaufen; der thätige, umsichtige Krämer oder Handwerksmann wendet jeden an den Haushaltungskosten ersparten kleinen Gewinn zur Ausdehnung seines Geschäftes an. Dieser Theil der Bevölkerung hätte also jene Anstalten fast entbehren können, aber letztere haben einen unberechenbaren socialen Einfluss dadurch ausgeübt, dass sie die Tugenden, die den Wohlstand schaffen und bewahren, auch anderen Klassen leicht und angenehm machten. Dadurch allein ist es vielleicht möglich geworden, die ungeheueren Unternehmungen: Eisenbahnen und Fabriken — und so viele andere —, welche in unseren Tagen mit wunderbarer Schnelligkeit erdacht und ausgeführt werden, ins Werk zu setzen. Man darf nicht vergessen, dass, wenn die Schuld der französischen Sparkassen im Jahre 1859 auch nur 336 Millionen betrug, doch, blos von 1835 an, die Totalsumme der Einlagen 2737 Millionen überstieg.

Uns scheint übrigens die in jedem Departement

konstatirte Ersparung eine, wenn auch nicht allgemein gültige Andeutung des verhältnissmässigen Reichthums desselben zu sein. Freilich gibt es noch ein besseres Kriterium, nämlich der Durchschnittsbetrag der in jedem derselben gezahlten Steuern aller Art. Wir geben in den Tabellen und in dem Atlas die Mittel zu derartigen Vergleichungen.

Die Beschäftigungen einer Bevölkerung haben den grössten Einfluss auf ihr körperliches und geistiges Wohlsein, selbst auf ihre Machtstellung in der politischen Welt. Um diese Ansicht zu beweisen, ist es gar nicht nöthig, Jäger- oder Hirtenvölker mit kultivirten Nationen zu vergleichen, oder die chinesische, die japanesische Civilisation der europäischen gegenüberzustellen. Es genügt, Ackerbauer und Fabrikarbeiter, Matrosen und Bergleute, Gelehrte und Kaufleute desselben Landes zu beobachten. Wenn die tägliche Beschäftigung eines Menschen sich seiner in einem Grade bemächtigt, dass sie ihm gleichsam ihren Stempel aufdrückt, so ist es gewiss, dass sie eine starke Wirkung auf Gedankengang, Gefühlsrichtung und physische Gesundheit übt.

Man hat schon oft versucht, den Einfluss der Beschäftigung in Formeln zu fassen, von dem Apolog an, worin der Anblick einer stattlichen Eiche einem Zimmermann, einem Gerber und einem Schweinemäster so verschiedene Ausrufe entlockt, bis auf die neuesten Forschungen über die Sterblichkeit in den verschiedenen Professionen. Wir können nur höchlich zur Fortsetzung derartiger Studien ermuntern, müssen aber bemerken, dass in Frankreich noch wenig in dieser Richtung geschehen ist. Das einzige, was man versucht hat, ist die Zusammen- und Gegenüberstellung der überwiegend Landbau oder Gewerbe treibenden Departements und die Hervorhebung der sich herausstellenden Verschiedenheiten und Gegensätze. Um dem Leser die Mittel zu einer solchen Arbeit zu geben, haben wir im Atlas (Karte XII) die Ackerbau-Bezirke (also auch indirekt die Fabrikgegenden) bezeichnet und eine Tabelle hinzugefügt, in der man weitere Details finden wird.

Wir müssen dabei aber vor einer Klippe warnen, wir meinen die haarspaltenden Unterscheidungen. Man darf nicht vergessen, dass fast nie eine Ursache allein auf den in Gesellschaft lebenden Menschen wirkt, dass also oft der Einfluss der Beschäftigung durch andere Ursachen modificirt oder neutralisirt werden kann. Dieser Klippe entgehen wir diesmal gewiss, der Mangel an Raum zwingt uns, zur Lehre das Beispiel zu fügen, mit anderen Worten, uns mit kurzen Andeutungen zu begnügen.

Nach der neuesten Zählung (1856) gibt es in Frankreich 19,064,071 Personen, oder beinahe 53% (52.94) der Bevölkerung, welche vom Ackerbau leben. In derselben Zählung wurden diese Ackerbauer in folgende Kategorien getheilt:

Eigenthümer, welche selbst bauen	7,825,577
Verwalter und Kulturaufseher	266,636
Pächter	2,506,663
Kolonen- und Vorwerksbauern (métayers)	1,356,909

Taglöhner, Hirten und andere Arbeiter . . . 6,566,588
Köhler und andere Waldarbeiter (bucherons) . 282,620
Andere hierher gehörige Professionen 259,078

Hier wie im Folgenden sind immer die zu jeder Abtheilung gehörigen Personen beiderseitigen Geschlechts mit ihren Kindern, sonstigen Angehörigen und — wo sie nicht besonders gerechnet sind — Dienstboten zusammengefasst worden. Es gibt also nicht 7 oder 8 Millionen von ihren Eigenthümern bebaute Güter, nicht $2\frac{1}{2}$ Million Pachtgüter u. s. w., dennoch können obige Zahlen immerhin annähernd die zwischen den verschiedenen Kategorien herrschenden Verhältnisse andeuten. Ueberdies muss auch erinnert werden, dass obige 19 Millionen Ackerbauer nicht die sämmtliche kultivirte Oberfläche bearbeiten, da man unter ihnen nicht diejenigen gerechnet hat, die noch ein anderes Geschäft dabei treiben und nur einen Theil ihrer Zeit zur Bebauung ihres Landes und Gartens verwenden. Diese Kategorie möchte aber zahlreicher sein als man glaubt.

Die Industrie (Fabriken und Handwerke) beschäftigt 10,469,961 Personen, davon arbeiten in

Geweben	1,878,193	Erdenwaaren, Porzell.	173,105
Bergwerken u. Steingruben	343,640	Chemischen Produkten	83,438
		Bauhandwerken . .	1,943,005
Metallen (Hütten) .	133,805	Meublen	156,058
„ (weit. Verarb.)	412,527	Bekleidung . . .	1,955,099
Leder	88,341	Ernährung . . .	1,458,072
Holz	229,325	Transport, Fuhrl. etc.	1,027,888

die anderen vertheilen sich unter eine Menge sonstiger Gewerke.

Bemerken wir nur, dass nach den Hauptstoffen der Gewebe 514,485 Personen auf Baumwolle, 369,894 auf Wolle, 428,355 auf Leinen, 276,432 auf Seide kommen.

Zur Bekleidung tragen bei 106,505 Hutmacher und Strumpfwirker¹), 612,407 Schneider und Nätherinnen, 277,731 Modistinnen, Stickerinnen u. s. w., 21,807 künstliche Blumenarbeiter und Blumenarbeiterinnen, 584,754 Schuhmacher und andere Arten Fussbekleidungs-Verfertiger u. s. w.

Unter die Gewerbe, welche die Ernährung zum Zweck haben, gehören 176,148 Müller (immer mit ihren Familien), 250,392 Bäcker (Brod- und Zuckerbäcker), 160,729 Fleischer, 667,849 Restauranten, Wirthe aller Art u. s. w.

Es würde uns zu weit führen, mehr ins Einzelne zu gehen; wir wollen nur im Vorbeigehen bedauern, dass man so oft ganz unähnliche Gewerbe zusammengeworfen hat.

Die Zahl der mit dem Handel, mit Bank- und Versicherungswesen beschäftigten Personen und ihrer Familien ist 1,732,430. Rechnet man hierzu die oben aufgezählten Gewerbtreibenden — denn die Industrie ist in vielen Fällen schwer vom Handel zu trennen — so findet man 12,202,391 Seelen, oder beinahe 34% (33.88) der Gesammtbevölkerung.

Die sogenannten liberalen Professionen begreifen 1,504,750 Personen oder 9.06% der Bevölkerung. Auf die Beamten kommen hier 447,244, auf das Militär 439,715, die Richter, Advokaten u. s. w. 142,123,

---

¹) In der Zählung zusammengeworfen.

Aerzte 106,427, Unterrichtspersonal 167,201, Gelehrte und Künstler 59,335, Geistliche aller Konfessionen 76,818, Klostergeistliche und Nonnen 65,887; ferner 1,757,532 Rentiers, Gutsbesitzer, von Ruhegehalten Lebende u. dgl., immer mit ihren Angehörigen. Der übrige Theil 'der Bevölkerung, etwa 4%, umfasst die Gefangenen, die Kranken in den Spitälern, die (220,930) Bettler, und mehr als eine Million, deren Profession man nicht hat erfahren können.

Wie gruppiren sich die Gewerbe in den verschiedenen Departements? Was zuerst den Ackerbau betrifft, so zeigt unsere Karte auf das deutlichste an, wo derselbe vorwiegend ist. Indirekt sieht man auch daraus, wo die Industrie vorherrscht. Die Tabelle der Beschäftigungen gibt weitere Details. Wir begnügen uns daher, hier nur einiges hervorzuheben, was dort nicht seinen Platz finden konnte.

Die Industrie der Gewebe hat ihren Hauptsitz in folgenden Departements:

Nord . . 256,273 Pers.	Calvados 74,822 Pers.
Rhône . . 169,539 „	Aisne . 62,849 „
Haut-Rhin 125,452 „	Eure . 54,884 „
Somme . 120,631 „	Loire . 46,725 „
Seine-Infér. 116,288 „	Vosges . 42,976 „

Beinahe in jedem dieser Departements werden zugleich mehrere Textile verwendet. Im Norden Leinen und Baumwolle, aber auch Wolle und etwas Seide (Roubaix). Im Rhônebezirk wirkt Lyon die glänzenden Seidenstoffe und Tarare die feinen Wollen- und Colongewebe. Die Seine-Inférieur hat gleich Rouen und Elbeuf gemeine Kattune und feine Tuche.

Loire ist der Hauptsitz der Bandfabrikation (Saint-Etienne). In den meisten übrigen ist die Baumwolle überwiegend.
Der Bergbau ist blühend im Nord, wo 29,472 Seelen sich von der Ausbeutung reicher Kohlenlager ernähren. Dann Loire, ebenfalls hauptsächlich wegen seiner Kohlen berühmt, 25,253 Personen. Dann folgen Saône-et-Loire 13,352, Gard 11,306, Orne 16,568 Personen.
Viele der anderen Industrien haben ihren Brennpunkt in der Hauptstadt selbst. Es ist dabei nicht immer leicht zu erkennen, in welchem Departement dies oder jenes Gewerbe ein Uebergewicht hat. Das was darüber angeführt werden könnte, gehört eigentlich in eine spezielle Monographie, worin man auch auf die Nebenbeschäftigungen der Landbewohner eingehen und zeigen könnte, wie hier jeder seinen Leinen-, dort seinen Wollen- oder Seidenwebstuhl im Hause hat, wie hier alle Frauenzimmer sticken, dort Spitzen klöppeln, weiterhin Strohhüte flechten. In einer Gegend machen alle Männer Holzschuhe in den langen Winterabenden, anderswo schnitzen sie Schaufeln und Löffel oder beschäftigen sich auf sonstige Weise.

1. Areal, Bevölkerung, Gemeinden (mit den 3 neuen Depart.).
(100 Hektare = 1 Geviert-Kilometer.)

Departements.	Zahl der Kreise.	Zahl der Kantone.	Zahl der Gemeinden.	Areal in Hektaren.	Bevölkerung (1856).	Einw. auf 1 Gev.-Kilom.
Ain	5	35	450	579897	370919	64
Aisne	5	37	836	735200	555539	76
Allier	4	28	317	730837	352241	48
Alpes (Basses-)	5	30	255	695419	143670	22
Alpes (Hautes-)	3	24	189	558861	129556	23
Alpes maritimes	3	25	146	393000	189931	54
Ardèche	3	31	339	552665	385835	70
Ardennes	5	31	478	523289	322138	62
Ariège	3	20	336	489387	251318	51
Aube	5	26	446	600139	261673	44
Aude	4	31	431	631324	282833	45
Aveyron	5	42	280	874333	393890	45
Bouches-du-Rhône	3	27	106	510487	473365	93
Calvados	6	37	779	552072	478297	87
Cantal	4	23	259	574147	247665	43
Charente	5	29	429	594238	378721	64
Charente-Inférieure	6	40	479	682569	474828	70
Cher	3	29	290	719631	314844	44
Corrèze	3	29	286	586500	314982	54
Corse	5	61	354	874711	240183	27
Côte-d'Or	4	36	723	876116	385131	44
Côtes-du-Nord	5	48	381	688562	621573	90
Creuse	4	25	264	556830	278889	50
Dordogne	5	47	584	918256	504651	55
Doubs	4	27	639	522735	286888	55
Drôme	4	29	365	652155	324760	50
Eure	5	36	701	585765	404665	68
Eure-et-Loir	4	24	426	587430	291074	49
Finistère	5	43	284	672112	606552	90
Gard	4	39	349	585556	419697	72
Garonne (Haute-)	4	39	578	628988	481247	77
Gers	5	29	466	628031	304497	48
Gironde	6	48	547	974032	640757	66
Hérault	4	36	330	619880	400421	65
Ille-et-Vilaine	6	43	350	672583	588898	86
Indre	4	23	246	679530	273479	40
Indre-et-Loire	3	24	281	611370	318412	52
Isère	4	45	549	828931	576637	70
Jura	4	32	583	499401	296701	59
Landes	3	28	332	932131	306832	33
Loir-et-Cher	3	24	297	635692	262013	42
Loire	3	28	319	475962	505269	106
Loire (Haute-)	3	28	259	496225	306694	61
Loire-Inférieure	5	45	208	687456	555806	81
Loiret	4	31	348	677119	315115	54
Lot	3	29	315	524174	293733	56
Lot-et-Garonne	4	35	316	535396	340041	64
Lozère	3	24	195	516373	140819	27
Maine-et-Loire	5	34	376	710693	524387	74
Uebertrag	205	614	9094	34,843075	18,142810	

Departements.	Zahl der Kreise.	Zahl der Kantone.	Zahl der Gemeinden.	Areal in Hektaren.	Bevölkerung (1856).	Einw. auf 1 Gev.-Kilom.
Uebertrag	205	611	9094	31,843075	18,142810	
Manche	6	48	643	592838	595202	100
Marne	5	32	669	818044	372050	45
Marne (Haute-)	3	28	550	621968	256512	41
Mayenne	3	27	274	517063	373841	72
Meurthe	5	29	711	609004	424373	70
Meuse	4	28	587	622787	305727	49
Morbihan	4	37	235	679781	473932	70
Moselle	4	27	629	538889	451152	84
Nièvre	4	25	317	681656	326086	48
Nord	7	60	660	568787	1,212353	213
Oise	4	35	700	585506	396085	68
Orne	4	36	511	606729	430127	71
Pas-de-Calais	6	43	903	660563	712846	108
Puy-de-Dôme	5	50	413	795051	590062	74
Pyrénées (Basses-)	5	40	564	762266	436442	57
Pyrénées (Hautes-)	3	26	480	452945	245856	54
Pyrénées-Oriental.	3	17	229	412211	183056	44
Rhin (Bas-)	4	33	513	455345	563855	124
Rhin (Haut-)	3	29	490	410771	499442	121
Rhône	2	27	258	279039	625991	224
Saône (Haute-)	3	28	583	533992	312397	58
Saône-et-Loire	5	48	585	855174	575018	67
Sarthe	4	33	389	620668	467193	75
Savoie	4	28	—	591358	310000	52
Savoie (Haute-)	4	23	—	341715	286000	83
Seine	3	20	81	47550	1,727419	3633
Seine-et-Marne	5	29	527	573635	341382	60
Seine-et-Oise	6	36	684	560365	484179	86
Seine-Inférieure	5	50	759	603329	769450	128
Sèvres (Deux-)	4	31	355	589988	327846	55
Somme	5	41	832	616120	566619	92
Tarn	4	35	316	574216	354832	62
Tarn-et-Garonne	3	24	193	372046	234782	63
Var	3	27	143	608325	305398	52
Vaucluse	4	22	149	354771	268094	76
Vendée	3	30	298	670350	389583	58
Vienne	5	31	296	697037	322585	46
Vienne (Haute-)	4	27	199	551658	319787	58
Vosges	5	30	547	607996	405708	67
Yonne	5	37	482	742804	368901	50
Summa	473	2915	*	54,239679*	36,757976*	68

* Ohne die neuen Erwerbungen 36,826
* Früher 53,027,891
* Früher 36,039,364

Die Zahl der Gemeinden ist kleiner, als die der Dörfer und Weiler, da manche Gemeinde deren mehrere begreift.

Die Zahl der Gemeinden ist nicht immer dieselbe, da jedes Jahr einige Gemeinden trennen, und andere zusammenlegen oder vereinigen sieht.

Die Ziffern, welche die neuen Departements betreffen, sind nur offizielle, ungefähre Annahmen.

2. Recrutirung. Körpergrösse. Blinde, Taubstumme, Irrsinnige, Selbstmorde.

Departements.	Recrutirung.			Zählung von 1856.			Zahl der Selbstmorde 1858.
	Zahl der untersuchten jungen Leute (1859).	Darunter hatten Gebrechen, eine schwache Konstitution oder waren zu klein.	Mittlere Körpergrösse der Recruten. (met. mill.)	Zahl der Blinden beiderlei Geschl.	Zahl der Taubstummen beiderlei Geschl.	Zahl der Irrsinnigen beiderlei Geschl.	
Ain	2665	594	1.668	365	163	482	31
Aisne	3847	1087	1.662	612	391	321*	47
Allier	2869	932	1.641	198	141	319	21
Alpes (Basses-)	1055	287	1.640	184	127	517	25
Alpes (Hautes-)	1079	463	1.639	186	209	868	12
Ardèche	3421	953	1.647	385	232	344	18
Ardennes	2562	938	1.663	381	211	241	26
Ariége	2273	627	1.650	278	117	151	5
Aube	1404	361	1.656	351	194	132	13
Aude	2320	819	1.647	485	138	346	29
Aveyron	3225	782	1.675	426	231	254	6
Bouches-du-Rhône	2792	830	1.656	523	262	970	43
Calvados	3449	1270	1.662	726	190	888	11
Cantal	2105	715	1.645	335	154	226	4
Charente	2637	801	1.642	347	179	88	15
Charente-Inférieure	3322	1205	1.649	405	168	333	42
Cher	2220	720	1.645	201	136	108	11
Corrèze	3019	1146	1.654	236	179	506	9
Corse	1910	518	1.660	439	282	131	1
Côte-d'Or	2682	752	1.668	511	211	466	16
Côtes-du-Nord	4839	1257	1.630	811	510	810	25
Creuse	2311	721	1.650	216	229	103	11
Dordogne	4141	1301	1.639	492	223	99	26
Doubs	2284	575	1.668	337	217	172	14
Drôme	2717	963	1.669	336	206	169*	15
Eure	2728	1025	1.652	607	206	193	50
Eure-et-Loir	2082	668	1.645	329	168	167*	29
Finistère	4908	1409	1.638	735	361	491	27
Gard	2913	888	1.646	624	182	154*	25
Garonne (Haute-)	3043	646	1.650	537	265	425	24
Gers	2034	580	1.646	363	193	188	13
Gironde	4076	1177	1.650	643	504	833	22
Hérault	2568	715	1.664	688	227	480	23
Ille-et-Vilaine	4758	1496	1.643	496	285	397	37
Indre	1803	582	1.648	271	141	60*	26
Indre-et-Loire	2108	706	1.652	237	162	318	44
Isère	4655	1093	1.655	539	386	488	78
Jura	2470	689	1.668	349	237	315	12
Landes	2735	738	1.647	259	111	982	21
Loir-et-Cher	2009	785	1.644	230	93	517	28
Loire	4505	1738	1.661	367	255	135*	30
Loire (Haute-)	2752	937	1.637	346	188	349	11
Loire-Inférieure	4079	976	1.651	478	324	601	27
Loiret	2313	689	1.651	364	240	519	42
Lot	2299	672	1.644	372	190	479	12
Lot-et-Garonne	1830	479	1.643	451	108	110*	20
Uebertrag	130056	39291		19030	10323	14929	

Departements.	Recrutirung. Zahl der untersuchten jungen Leute (1859).	Darunter hatten Gebrechen, eine schwache Konstitution oder waren zu klein.	Zählung von 1856. Mittlere körpergrösse der Recruten. met. mill. m	Zahl der Blinden (beiderlei Geschl.).	Zahl der Taubst. (beiderlei Geschl.).	Zahl der Irrsinnig. (beiderlei Geschl.)	Zahl der Selbstmorde (1858).
Uebertrag	130,056	39291		19030	10323	14929	
Lozère	1152	404	1,641	204	111	171	5
Maine-et-Loire	3930	1252	1,657	421	172	693	53
Manche	4716	1899	1,658	737	358	728	18
Marne	2130	548	1,660	450	204	387	124
Marne (Haute-)	1702	385	1,668	344	191	534	31
Mayenne	3058	974	1,645	251	164	294	30
Meurthe	3327	876	1,656	509	435	1104	52
Meuse	2418	728	1,660	401	200	453	32
Morbihan	3719	987	1,646	517	310	239	37
Moselle	3747	1096	1,664	504	376	212	49
Nièvre	2451	593	1,650	228	186	207	18
Nord	9296	3090	1,666	1266	556	1408	118
Oise	2786	984	1,660	439	133	1117	109
Orne	3339	1326	1,657	539	46	275	25
Pas-de-Calais	5085	1305	1,655	758	375	540	81
Puy-de-Dôme	4623	1373	1,644	532	616	438	19
Pyrénées (Basses-)	3485	856	1,654	467	211	361	32
Pyrénées (Hautes-)	1991	581	1,658	257	343	111	5
Pyrénées-Oriental.	1494	419	1,650	246	188	34*	12
Rhin (Bas-)	4869	1107	1,664	542	616	857	45
Rhin (Haut-)	4676	1559	1,658	422	513	219*	52
Rhône	3371	665	1,656	401	375	1407	65
Saône (Haute-)	2613	625	1,675	364	158	189*	21
Saône-et-Loire	4564	1282	1,665	528	394	216*	56
Sarthe	3517	1055	1,634	516	172	487	46
Seine	8105	1986	1,651	1560	368	3113	602
Seine-et-Marne	6046	2350	1,649	366	209	106*	109
Seine-et-Oise	2468	789	1,658	511	234	120*	130
Seine-Inférieure	3149	970	1,658	780	376	1293	112
Sèvres (Deux-)	2316	589	1,650	314	241	216	26
Somme	4559	1668	1,663	628	401	272*	69
Tarn	2626	589	1,639	371	180	264	15
Tarn-et-Garonne	1571	504	1,651	364	134	195	22
Var	1924	432	1,661	500	239	73*	55
Vaucluse	1804	454	1,654	355	138	302	30
Vendée	3295	1032	1,646	337	181	328	14
Vienne	2457	612	1,650	260	202	157*	30
Vienne (Haute-)	2765	1013	1,634	285	179	269	22
Vosges	3741	1221	1,668	470	236	222*	46
Yonne	2781	851	1,676	435	182	491	46
Summa	267,333	86320	1,653	38413	21554	35031	

Die Zahl der untersuchten oder der Revision unterzogenen jungen Leute (s. den Text S. 28) ist hauptsächlich zur Vergleichung mit der folgenden Kolumne gegeben worden.

Der *, den man in der Kolumne der Irrsinnigen bei manchen Zahlen findet, bedeutet, dass es in diesem Departement keine, öffentliche noch private, Irren-Anstalt gibt. Die Irren dieses Departements, welche nicht als unschädlich und unheilbar bei ihren Familien sich aufhalten, sind in benachbarten Anstalten untergebracht. Hier sind also die Ziffern zu schwach, anderswo zu stark. Man müsste die Departements geographisch gruppiren, um Schlüsse ziehen zu können.

3. Wohlthätigkeit und Selbsthülfe.

Departements.	Zahl der Unterstützten (1853).	Spitäler. Zahl d. behandelten Krank. 1853.	Zahl der Bett. (Freibett.).	Sparkassen. Zahl d. Einleg. 31.December 1859.	Betrag der ihnen schuldigen Summen. Frcs.	Vereine zur gegens. Unterstützg. Zahl der Mitglied	Altersversorgungskassen. Seit 1851 eingezahlte Summen. Frcs.
Ain	5540	6320	478	4515	1,301727	4053	31528
Aisne	20026	8142	767	21268	7,359386	1006	1,072126
Allier	3199	5689	448	3185	1,012146	3270	51236
Alpes (Basses-)	2703	725	286	869	330262	912	68205
Alpes (Hautes-)	2981	519	221	1408	360451	444	23004
Ardèche	9230	1745	299	3711	935677	1210	44470
Ardennes	4155	1142	144	9089	3,432471	3206	150292
Ariége	4382	1403	391	558	164763	4491	15730
Aube	7496	2899	244	10004	3,826404	1864	433249
Aude	4035	1533	648	4170	1,463402	4122	50197
Aveyron	3929	1708	574	1877	598220	2080	45041
Bouches-du-Rhône	26182	13508	1617	19278	7,953620	17944	475405
Calvados	15809	5653	1004	11390	3,606757	1590	477720
Cantal	4421	883	107	4574	1,880707	118	50702
Charente	4558	2454	295	6073	2,240317	918	73442
Charente-Inférieure	2844	2278	424	5308	1,958506	7834	237901
Cher	4706	1951	179	2226	697091	482	68558
Corrèze	719	1061	243	1147	289873	410	7111
Corse	348	1722	78	727	237963	94	3825
Côte-d'Or	10003	7359	655	15829	4,833695	2429	501360
Côtes-du-Nord	13600	1893	414	7372	2,011281	1017	26157
Creuse	1825	606	204	1550	492958	301	25253
Dordogne	3200	1651	502	2238	659434	3225	56715
Doubs	9066	3916	741	11138	3,537083	840	201868
Drôme	5415	3818	804	1560	513181	981	51971
Eure	6028	3172	382	11971	3,483879	2503	214425
Eure-et-Loir	6243	3632	357	14401	3,802670	2094	100433
Finistère	13000	3497	676	13612	5,094492	3332	214392
Gard	5099	5219	652	8977	3,249070	6639	62713
Garonne (Haute-)	13085	3775	524	5751	1,973210	15353	212380
Gers	6392	1256	295	1438	464451	4858	45631
Gironde	15688	13344	984	22467	9,559908	28012	148188
Hérault	15550	4982	1323	15195	5,398397	3354	161441
Ille-et-Vilaine	25438	7081	818	11407	3,991694	1363	179416
Indre	3034	2113	20	3119	1,140308	2603	21628
Indre-et-Loire	3859	3079	556	9315	2,775669	2370	1,139502
Isère	6873	5043	415	11602	4,061280	17898	180651
Jura	2735	3489	274	7545	2,385827	8746	77879
Landes	3071	1511	316	2841	989790	4993	34760
Loir-et-Cher	9735	3230	517	5233	1,733721	2214	404979
Loire	14836	7873	892	11455	4,644684	1866	90893
Loire (Haute-)	4002	1186	244	2707	852291	22	13723
Loire-Inférieure	15200	9204	1158	10036	4,078577	4556	625256
Loiret	15568	5774	701	19972	6,340061	2231	731999
Lot	3649	548	144	1059	308974	1126	40693
Lot-et-Garonne	6744	2664	549	2804	834659	6347	22687
Lozère	4685	604	289	831	281618	197	3757
Maine-et-Loire	19824	8762	910	17544	4,545335	5048	337494
Uebertrag	390710	181616	24773	362326	123,713080	193466	9,307986

Departements.	Zahl der Unterstützten (1853).	Spitäler. Zahl d. behandelten Krank. (1853).	Zahl der Bett. (Freibett.).	Zahl d. Einleg. (31. December 1859).	Betrag der ihnen schuldigen Summen.	Vereine zur gegens. Unterstützg. Zahl der Mitglied.	Alterversorgungskassen. Seit 1851 eingezahlte Summen.
					Frcs.		Frcs.
Uebertrag	390710	181616	24773	382326	123,713030	193466	9,307986
Manche	22057	1674	628	11037	4,054192	2715	510077
Marne	18804	10013	864	23856	8,742327	3278	401006
Marne (Haute-)	220	2109	220	8756	2,906398	183	165801
Mayenne	7152	3974	484	7616	2,841001	1001	72529
Meurthe	8922	4519	628	18071	5,181424	2643	1,449938
Meuse	7577	1953	233	14216	5,470180	1592	680097
Morbihan	12582	3506	1346	5764	2,085735	252	217154
Moselle	10276	2522	461	20105	4,508781	6400	376430
Nièvre	1588	2927	412	4034	1,220331	2398	42697
Nord	193402	9089	1464	45600	16,012512	33233	416137
Oise	8562	2538	350	30502	8,958830	5515	741986
Orne	7051	1972	495	7128	2,268153	2248	215914
Pas-de-Calais	45558	5250	1145	18180	5,328313	2142	338422
Puy-de-Dôme	8322	6840	1393	10087	2,841880	363	1580036
Pyrénées (Basses-)	17664	2551	542	10740	3,616897	6760	197328
Pyrénées (Hautes-)	2394	1171	125	1570	411314	4024	46932
Pyrénées-Oriental.	603	1438	351	1734	669360	2472	32379
Rhin (Bas-)	10528	6617	1327	15842	4,986347	15596	361864
Rhin (Haut-)	3960	4020	776	9272	3,462607	23587	115925
Rhône	20669	26169	2439	46495	11,236464	17036	842995
Saône (Haute-)	2739	1018	150	3340	1,004507	613	114590
Saône-et-Loire	8492	7235	597	10284	2,641083	6486	194914
Sarthe	15729	3399	405	14294	3,579159	1132	236340
Seine	78680	94745	6283	236719	48,668247	69533	34,408582
Seine-et-Marne	6049	4693	512	30719	9,412411	12677	467815
Seine-et-Oise	10579	5980	749	39998	10,415782	3886	554894
Seine-Inférieure	9084	14740	3188	97655	14,276699	7103	1,349093
Sèvres (Deux-)	5004	1405	308	3466	1,044122	4135	43606
Somme	23760	6115	743	22030	7,063908	3697	501114
Tarn	9329	1607	485	3281	1,100534	10522	44075
Tarn-et-Garonne	4000	2106	562	3370	1,017473	9884	30689
Var	4102	5051	957	12439	5,764662	5082	261462
Vaucluse	13501	5890	1007	4185	1,891935	705	132109
Vendée	6711	1915	335	1255	429428	1011	32994
Vienne	5095	2084	191	4300	1,448611	3621	55506
Vienne (Haute-)	14577	2426	599	2085	981031	1770	45092
Vosges	8510	1608	437	5362	1,225664	2776	107313
Yonne	4186	2946	464	12852	3,871531	1318	262501
Summa	1,020708	447373	58428	1284186	336,461832	472855	55,543180*

* Hier ist mitgerechnet Algerien mit 8046 Frcs.

Die Zahl der Unterstützten zeigt nicht genau die der Armen an, da die öffentliche Wohlthätigkeit nicht überall organisirt ist. Die durchschnittliche Unterstützung ist wenigstens 2 Frcs., höchstens 30 Frcs.
Es gibt fast in jedem Spital noch Betten, worin Kranke gegen eine mässige Vergütung gepflegt werden. Die Zahl derselben ist 10589 für ganz Frankreich. Manche Spitäler haben deren mehr, manche weniger im Verhältniss zu den Freibetten, worin die Kranken unentgeltlich gepflegt werden.

4. Beschäftigungen und Steuern.

Departements.	Acker- bauer.	Fabri- kanten u. Gewerbs- leute.	Han- dels- leute.	den libe- ralen Profes- sionen angehör.	Geistli- che aller Confes- sionen.	anderen oder kei- ner Pro- fession angehör.	Steuern per Ein- wohner.
							Fr. C.
Ain	8108	1197	172	157	53	313	26,71
Aisne	4086	3684	444	287	31	1488	40,02
Allier	7910	1234	174	123	27	535	46,10
Alpes (Basses-)	8003	1134	189	362	62	250	23,91
Alpes (Hautes-)	7731	1096	263	503	52	355	24,26
Ardéche	7075	1818	478	139	55	435	19,26
Ardennes	3518	4599	395	515	30	943	42,01
Ariége	7236	1832	245	234	34	419	16,84
Aube	5780	3039	327	256	58	550	43,53
Aude	8215	2300	417	400	59	3609	34,51
Aveyron	7954	1323	196	177	56	294	22,00
Bouches-du-Rhône	3071	3082	1248	969	102	918	152,47
Calvados	4707	3574	448	250	52	969	52,28
Cantal	6557	1028	196	323	54	1840	22,19
Charente	6614	2310	343	178	31	524	29,73
Charente-Inférieure	6402	2034	429	373	25	737	36,17
Cher	6930	2113	349	152	20	436	27,98
Corrèze	8384	851	157	154	23	434	17,27
Corse	7019	1793	380	357	40	411	9,84
Côte-d'Or	5635	2769	396	380	46	774	44,52
Côtes-du-Nord	6023	2398	188	263	36	1092	21,02
Creuse	4904	4538	106	83	14	355	16,72
Dordogne	7491	1323	175	125	19	867	22,75
Doubs	6045	2443	364	633	64	454	41,82
Drôme	6364	2264	716	253	52	354	28,71
Eure	4490	3644	383	274	43	1176	46,54
Eure-et-Loir	5722	1886	505	276	42	1509	46,68
Finistère	6157	1845	274	550	24	1146	26,67
Gard	5074	2711	519	432	39	625	38,21
Garonne (Haute-)	5729	1819	1035	702	27	658	33,53
Gers	6462	1911	576	213	37	801	21,67
Gironde	4454	2398	734	259	19	2139	80,05
Hérault	4875	2458	438	505	36	1688	45,59
Ille-et-Vilaine	4643	3433	354	284	59	1210	28,00
Indre	6682	1891	278	289	15	845	26,76
Indre-et-Loire	6011	2204	521	304	34	896	37,25
Isère	7538	1729	204	205	21	293	29,17
Jura	7067	1531	390	341	42	929	38,62
Landes	7099	1667	317	181	22	684	18,63
Loir-et-Cher	5818	2065	304	254	36	1516	34,25
Loire	4232	3537	174	205	33	1524	31,36
Loire (Haute-)	6433	1876	338	201	60	1092	19,06
Loire-Inférieure	5458	2708	517	273	40	1004	87,29
Loiret	5851	2509	603	259	35	683	44,88
Lot	6779	2289	374	157	50	354	21,41
Lot-et-Garonne	6786	1975	317	205	37	647	32,15
Lozère	7880	1278	174	297	73	304	18,76
Maine-et-Loire	5962	2516	364	228	68	865	32,42
Manche	6152	2058	507	365	31	884	34,07

Departements.	Acker-bauer.	Fabri-kanten u. Gewerbs-leute.	Han-dels-leute.	den libe-ralen Profes-sionen angehör.	Geistli-chen aller Confes-sionen.	anderen oder kei-ner Pro-fession angehör.	Steuern per Ein-wohner.
							Fr. C.
Marne	4716	3538	484	354	27	847	47.49
Marne (Haute-)	6123	2163	746	390	20	558	39.28
Mayenne	5806	3002	423	176	50	534	41.71
Meurthe	3547	4072	610	518	50	1203	51.22
Meuse	4938	3174	434	431	43	980	38.14
Morbihan	4669	4193	912	626	24	636	23.31
Moselle	3772	3470	515	935	41	1267	39.83
Nièvre	6391	2473	277	256	33	570	31.93
Nord	3322	5059	497	373	34	715	72.40
Oise	4367	3852	403	274	31	1070	50.65
Orne	4698	4077	213	249	46	747	31.40
Pas-de-Calais	4925	3053	450	520	43	1011	50.15
Puy-de-Dôme	6982	2055	217	190	38	518	23.09
Pyrénées (Basses-)	5827	2498	886	256	36	497	27.30
Pyrénées (Hautes-)	7264	1476	266	460	45	489	18.70
Pyrénées-Oriental.	6808	1849	389	465	58	454	25.75
Rhin (Bas-)	5278	2945	495	624	48	639	37.79
Rhin (Haut-)	4456	4429	293	507	19	496	34.69
Rhône	2656	5525	774	449	57	548	60.02
Saône (Haute-)	6346	1188	264	426	36	1050	32.68
Saône-et-Loire	6750	2050	323	215	36	616	30.98
Sarthe	5781	2777	476	174	44	748	30.82
Seine	188	6002	1344	1075	38	1353	142.77
Seine-et-Marne	5438	2668	463	477	36	935	55.54
Seine-et-Oise	4194	2844	478	550	40	1894	62.18
Seine-Inférieure	3288	4385	972	260	37	1068	128.96
Sèvres (Deux-)	5808	2050	319	195	23	1535	25.41
Somme	3877	4484	404	245	33	960	39.15
Tarn	6485	2344	225	230	47	669	23.80
Tarn-et-Garonne	7510	1431	265	129	37	628	30.30
Var	5572	1462	443	1345	34	1144	41.10
Vaucluse	6589	2084	471	394	54	401	32.54
Vendée	6644	2208	262	266	61	589	25.37
Vienne	5652	2480	259	189	24	1516	27.94
Vienne (Haute-)	6095	2715	224	358	44	534	22.90
Vosges	5172	3398	329	205	36	860	31.94
Yonne	6371	2199	353	319	49	709	34.26
Durchschnitt	5294	2907	453	378	40	900	34.93

Es schien hier wünschenswerther die Verhältnisszahlen, statt der absoluten zu geben. Die Kolumne der Steuern zeigt die Durchschnittssumme der in jedem Departement per Kopf bezahlten Steuern. Da die reichsten Bezirke am meisten, die ärmsten am wenigsten ertragen, so deutet diese Tabelle zugleich die Vertheilung der Wohlhabenheit sehr annähernd an.

5. Zahl der Processe in den verschiedenen Appellhof-Bezirken.

Appellhöfe.	Grösse der Bezirke in Hectares.	Bevölkerung.	Zahl der im Jahre 1850 zugekommenen Rechtsf.	Civil-Processe für 100000 Einwohn.	Zahl der notarischen Akte.	Processe in Handelssachen.	Vor dem Friedensgerichte.
Agen ...	1,684712	938271	2529	270	125619	3914	117849
Aix	1,928062	994855	3180	82	102356	11700	61006
Amiens ..	1,930462	1,518243	4686	269	171304	7810	147418
Angers ..	1,849046	1,365421	2005	147	138729	3673	67648
Bastia ..	874710	240183	640	266	5838	787	65954
Besançon .	1,556826	895986	3318	373	59195	3615	90979
Bordeaux .	2,487386	1,524129	5613	368	167279	11794	175239
Bourges .	2,081343	914409	2517	275	110046	3190	86352
Caen	1,750477	1,503726	5632	375	146961	7760	126785
Colmar ..	866248	1,063297	2264	213	72392	3021	70794
Dijon ...	2,353172	1,216661	3654	300	108347	5027	131100
Douai ...	1,233285	1,925199	2829	148	158362	6125	57134
Grenoble .	2,034864	1,030053	5890	571	91165	5018	152797
Limoges .	1,693632	913658	3790	415	112484	2627	109838
Lyon ...	1,336175	1,502179	6961	463	123893	21565	131849
Metz	1,058226	773290	1719	222	53899	2011	63729
Montpellier	2,538048	1,260203	4125	325	114640	6798	168348
Nancy ..	1,834026	1,135808	2572	227	86638	3003	89038
Nîmes ..	1,994123	1,215345	4828	397	106422	5992	173317
Orléans ..	1,920578	927600	2131	230	126170	3805	67290
Paris ...	3,958259	3,846678	18248	474	411380	75160	299034
Pau	2,145097	992130	2886	291	61653	2622	166728
Poitiers ..	2,649101	1,514942	3050	201	144352	7508	153034
Rennes ..	3,396214	2,838054	3722	131	206254	5452	152769
Riom ...	2,600667	1,490062	5637	378	164138	5746	199372
Rouen ..	1,207268	1,174115	3649	311	102445	8804	104402
Toulouse .	2,065665	1,322179	4043	306	142909	7522	202687
Summa	53,028002	36,039364	111521	309	3,414670	232049	3,432490

6. Verbrechen, Vergehen und Übertretungen.

Appellhöfe.	Verbrechen gegen Personen.	Verbrechen gegen Eigenthum.	Total.	Verhältnisszahl per 100000.	Vergehen (délits).	Verhältnisszahl per 100000.	Übertretungen.	Verhältnisszahl per 100000.
Agen . .	52	60	112	12	3044	324	5127	546
Aix . . .	77	122	199	20	5988	602	23277	2339
Amiens . .	78	115	193	13	7061	462	19796	1304
Angers . .	68	87	155	11	4384	321	8760	642
Bastia . .	56	18	71	31	1522	634	18020	7503
Besançon .	55	41	96	11	7311	816	13323	1487
Bordeaux .	65	91	156	10	5634	369	11830	776
Bourges .	27	33	60	6	3486	349	10264	1122
Caen . . .	63	97	160	11	4031	268	19079	1269
Colmar . .	100	43	143	13	10110	954	46280	1531
Dijon . .	53	49	102	8	5364	441	14304	1175
Douai . .	62	43	105	5	6466	336	19133	994
Grenoble .	53	33	86	8	5589	542	9820	953
Limoges .	34	20	54	6	2933	321	5354	586
Lyon . .	64	57	121	8	8128	541	17351	1155
Metz . . .	32	35	67	9	4743	613	11097	1435
Montpellier	72	60	132	11	5788	459	14752	1171
Nancy . .	45	33	78	7	7521	662	17585	1548
Nimes . .	87	129	216	18	5231	430	12608	1037
Orléans . .	55	56	111	12	3906	421	8696	937
Paris . .	289	488	777	20	24142	628	54109	1411
Pau . . .	31	50	81	8	7056	711	7482	744
Poitiers .	72	112	184	12	4818	317	10848	716
Rennes . .	165	205	370	13	4875	171	20136	709
Riom . .	72	76	148	10	4577	306	14461	970
Rouen . .	69	87	156	13	4454	379	13430	1144
Toulouse .	48	115	163	12	9618	727	14424	1091
Summa	1947	2355	4302	12	171490	476	411649	1142

Druck der Engelhard-Reyher'schen Hofbuchdruckerei in Gotha.

Von dem Verfasser dieses Werks, *Maurice Block*, sind früher erschienen:

Statistique de la France comparée avec les autres Etats de l'Europe. Paris, Amyot.

Dictionnaire de l'administration française, 1 vol. de plus de 1,600 pages à 2 colonnes compactes. Paris et Strasbourg, Ve Berger-Levrault et fils.

Annuaire de l'administration française, mêmes éditeurs, années 1858, 1859, 1860, 1861.

Des charges de l'Agriculture dans les divers pays de l'Europe (ouvrage couronné par l'Institut et par la Société impériale et centrale d'Agriculture). Paris, Ve Bouchard-Huzard.

Du Commerce des Grains, par M. Roscher, traduit de l'allemand et annoté. Paris, Ve Bouchard-Huzard.

Etat du bétail en France, même éditeur.

L'Espagne en 1850 (Statistique de l'Espagne). Paris, Guillaumin et Ce.

Lettres à mon ami Jacques (le Budget, l'Impôt, etc.). Paris, Curmer.

Annuaire de l'Economie politique et de la statistique (avec M. Guillaumin). Années 1856, 1857, 1858, 1859, 1860, 1861.

Les Magasins généraux considérés comme l'une des bases du crédit. (Introduction à un ouvrage de M. Damaschino, intitulé: *Traité des magasins généraux*. Paris, Guillaumin et Ce. Cette introduction a été lue à l'Académie des Sciences morales et politiques, et insérée dans son Bulletin.)

Verlag von Justus Perthes in Gotha.

Dr. A. **Ficker**: Bevölkerung der Österreichischen Monarchie in ihren wichtigsten Momenten statistisch dargestellt. In Callico geb. Preis 28 Sgr. Pr.

Inhalt: 60 Seiten Text und zwölf Karten in Farbendruck. — I. Volksdichtigkeit. — II. Sexual-Verhältniss. — III. bis VII. Ethnographie: Die Deutschen. — Die Cechen, Mähren, Slowaken, Slovenen. — Die Ruthenen, Kroaten, Serben. — Die Romanen (Italiäner, Friauler, Ladiner, Moldauer und Walachen). — Die Magyaren und Polen. — VIII. bis XI. Religionsbekenntnisse: Katholiken (des latein., griech. und armenischen Ritus). — Evangelische und Unitarier. — Nichtunirte Griechen. — Israeliten. — XII. Beschäftigungen.

Mittheilungen aus Justus Perthes' Geographischer Anstalt über wichtige neue Erforschungen auf dem Gesammtgebiete der Geographie. Herausgegeben von Dr. A. Petermann. 1861. (7. Jahrg.) Heft I—V. Preis pro Jahrg. von 12 Heften 4 Thlr. Preuss.

Ergänzungshefte zu den Geographischen Mittheilungen:

I. A. Vibe: Küsten und Meer Norwegens. Mit einer Karte von Dr. A. Petermann und 2 Originalansichten in Chromolithographie ausgeführt von Bernatz. Preis 10 Sgr. Preuss.

II. J. J. von Tschudi: Reise durch die Andes von Süd-Amerika, von Córdova nach Cobija im Jahre 1858. Mit einer Originalkarte von Dr. A. Petermann, und Holzschnitten. Preis 10 Sgr. Preuss.

III. Dr. H. Barth: Reise von Trapezunt durch die nördliche Hälfte Klein-Asiens nach Skutari im Herbst 1858. Mit einer Originalkarte von Dr. A. Petermann, und mehreren Holzschnitten. 13 Bogen. Preis 1 Thlr. Preuss.

IV. G. Lejean: Ethnographie de la Turquie d'Europe. Ethnographische Karte der Europäischen Türkei in 17 Farben. Mit französischem und deutschem Text. Preis geh. 20 Sgr. Preuss.

Statistische Karten von Frankreich

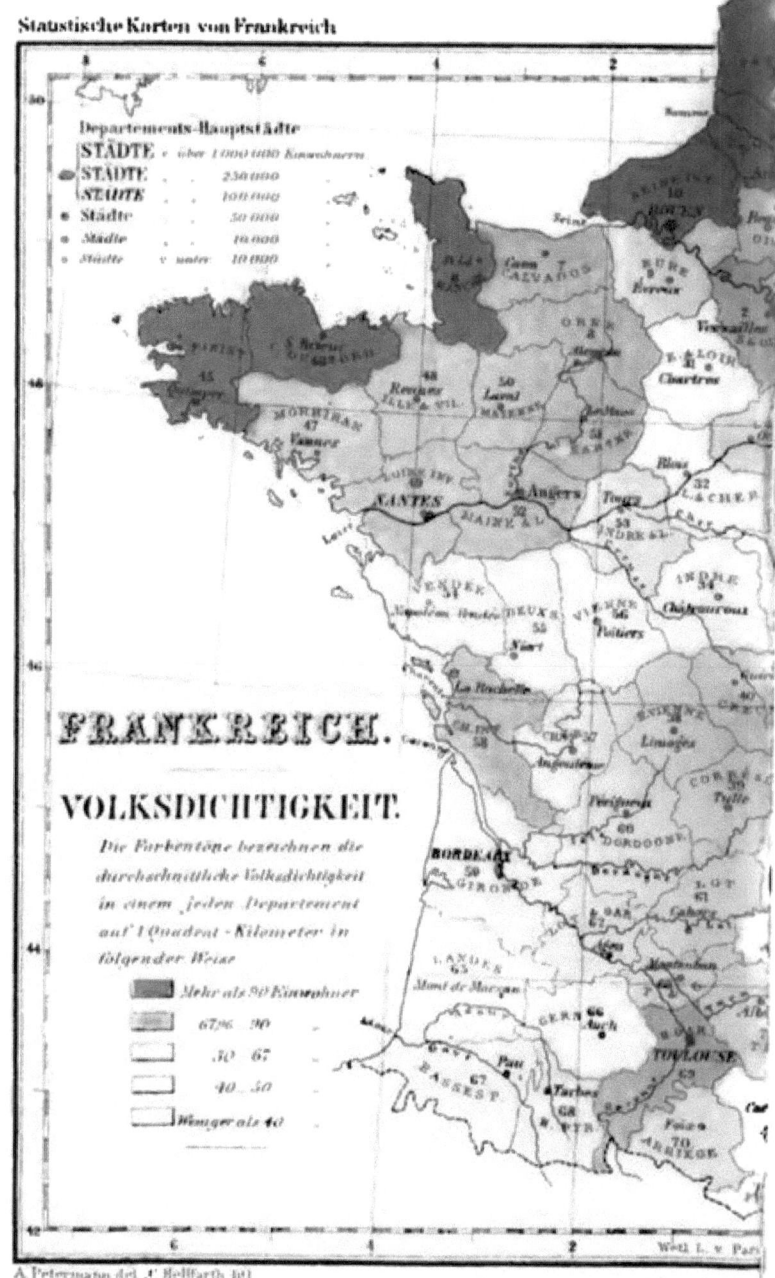

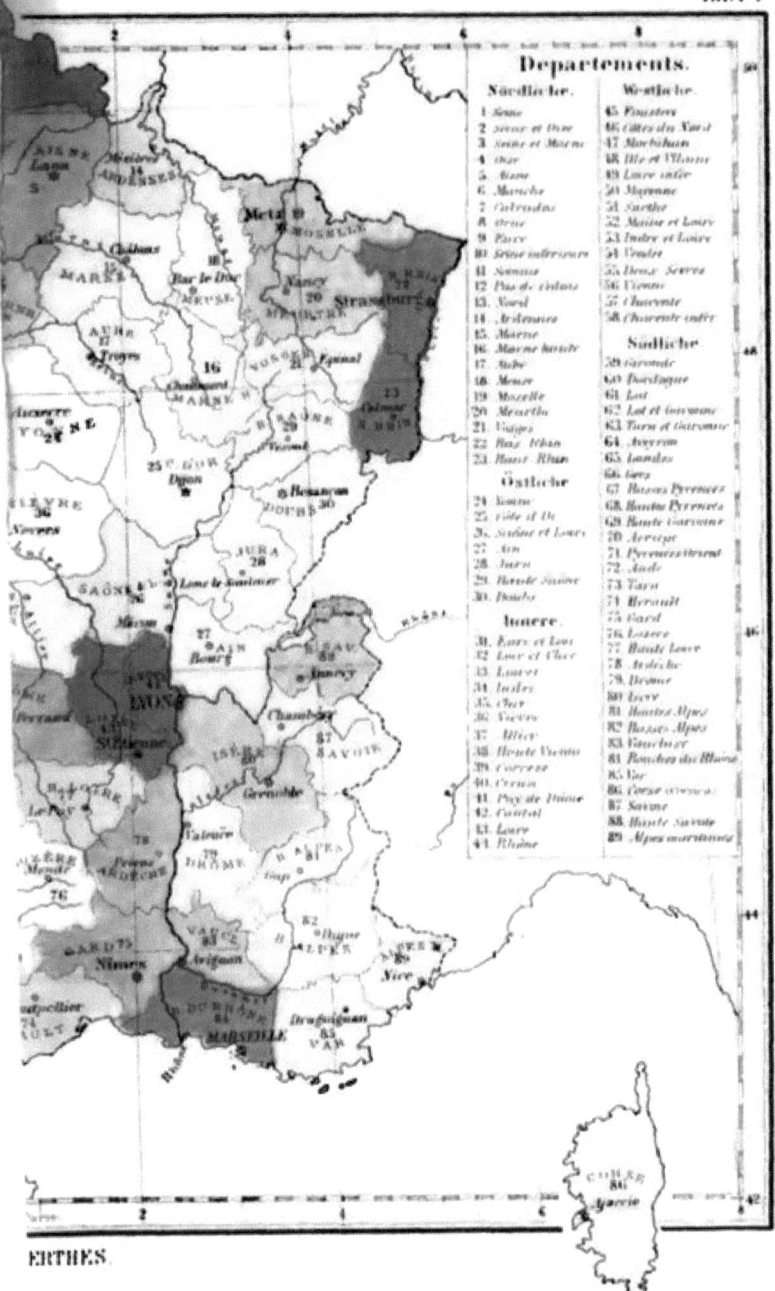

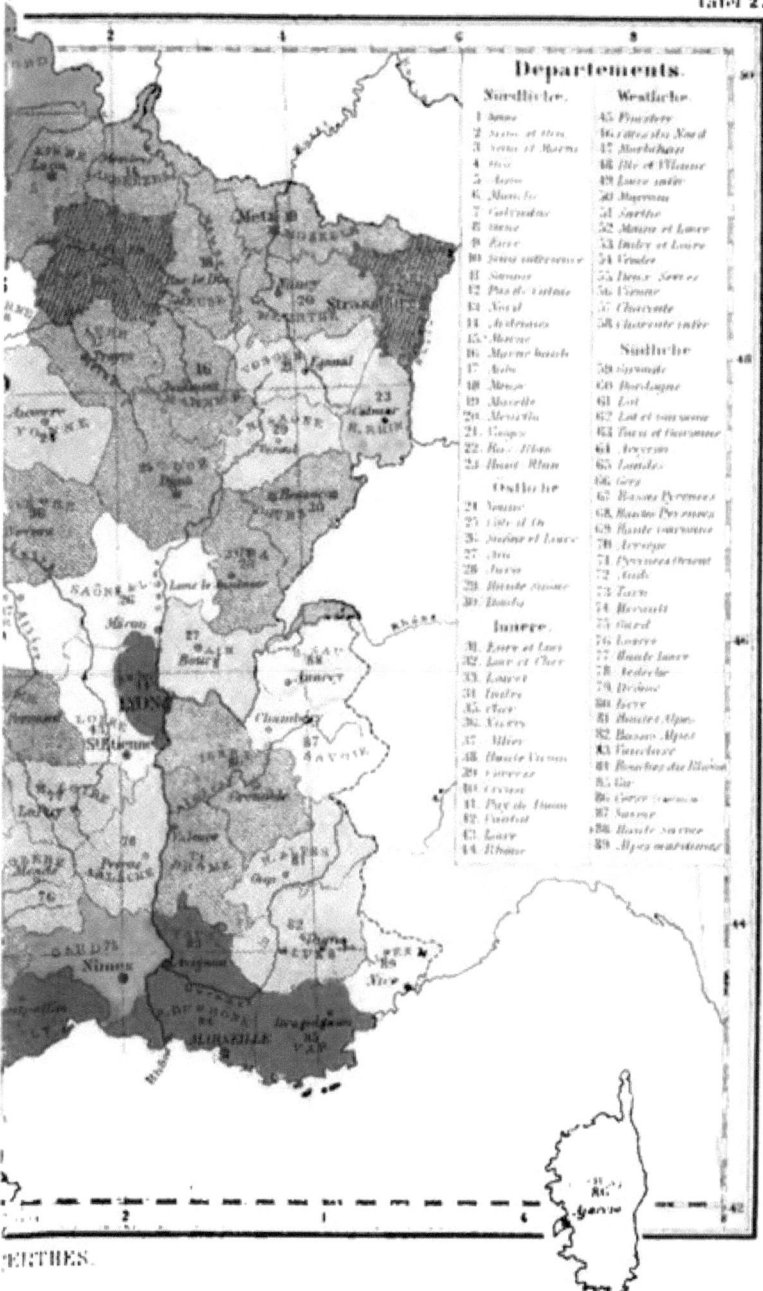

Statistische Karten von Frankreich

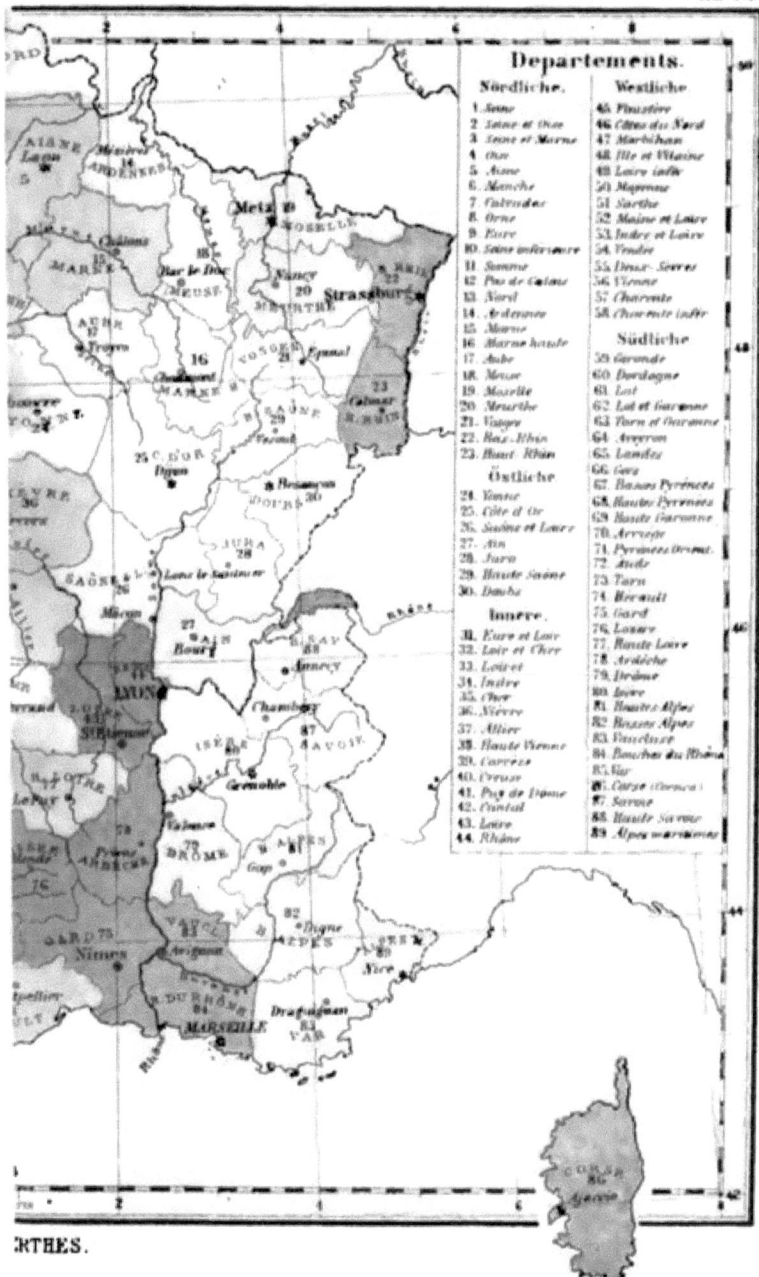

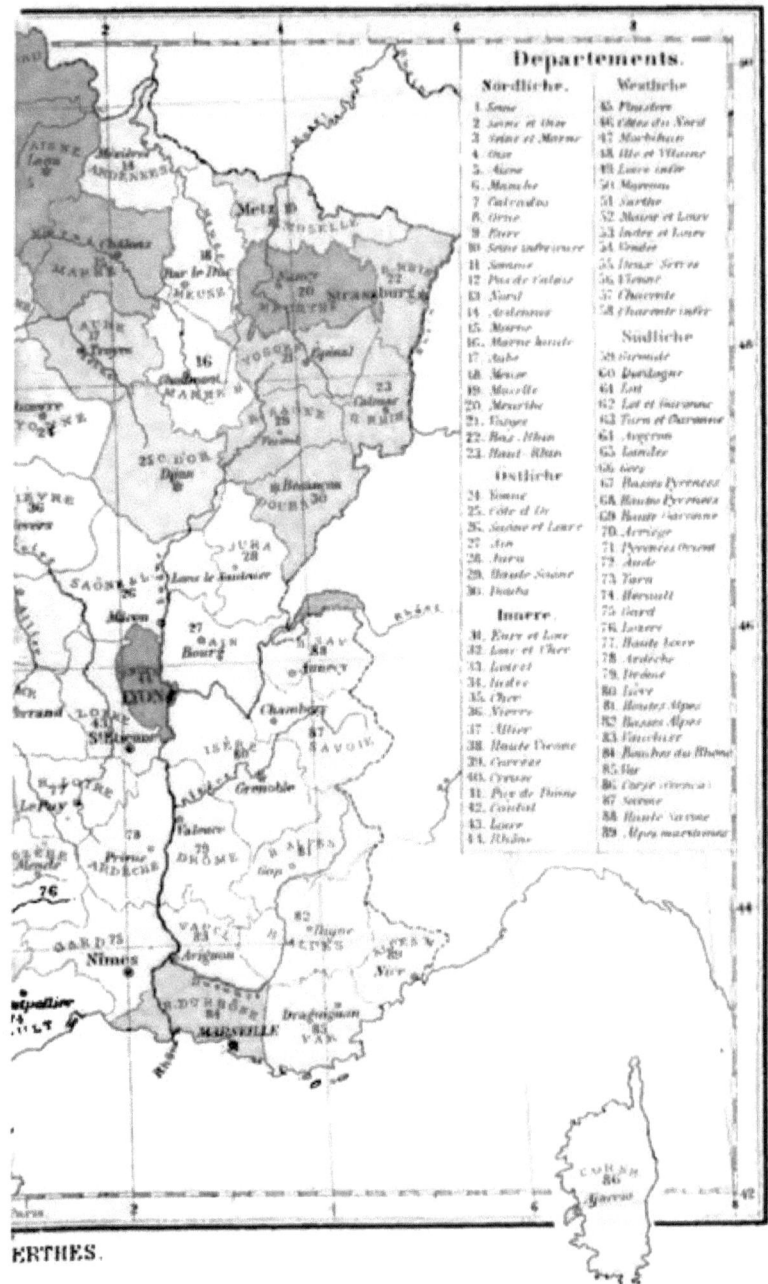

Statistische Karten von Frankreich

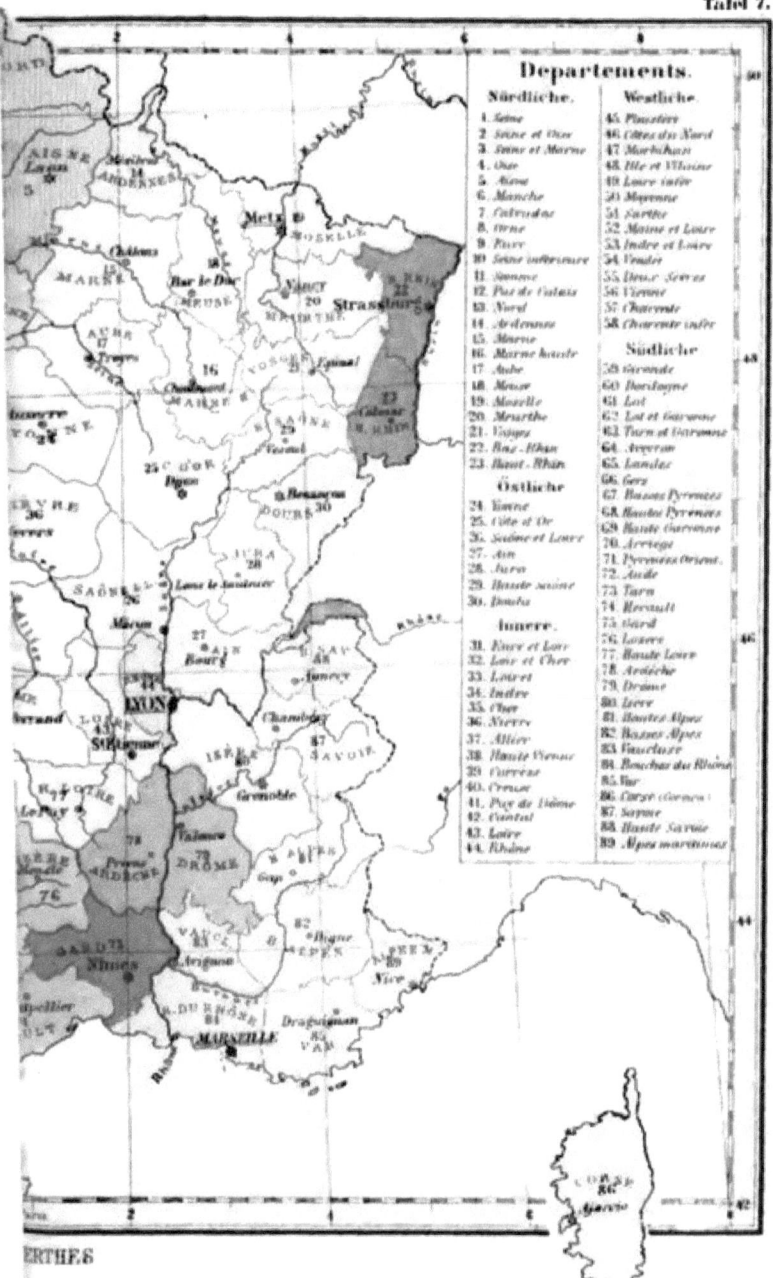

Statistische Karten von Frankreich

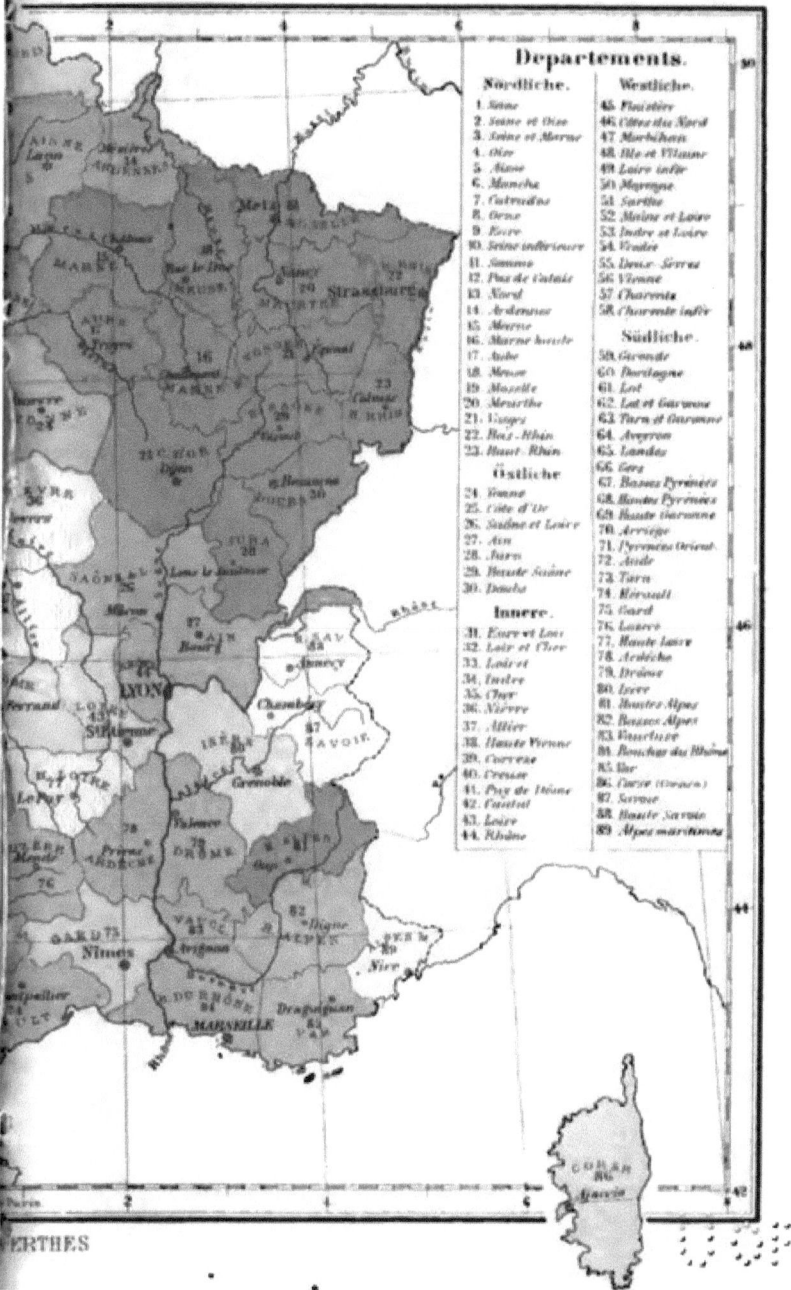

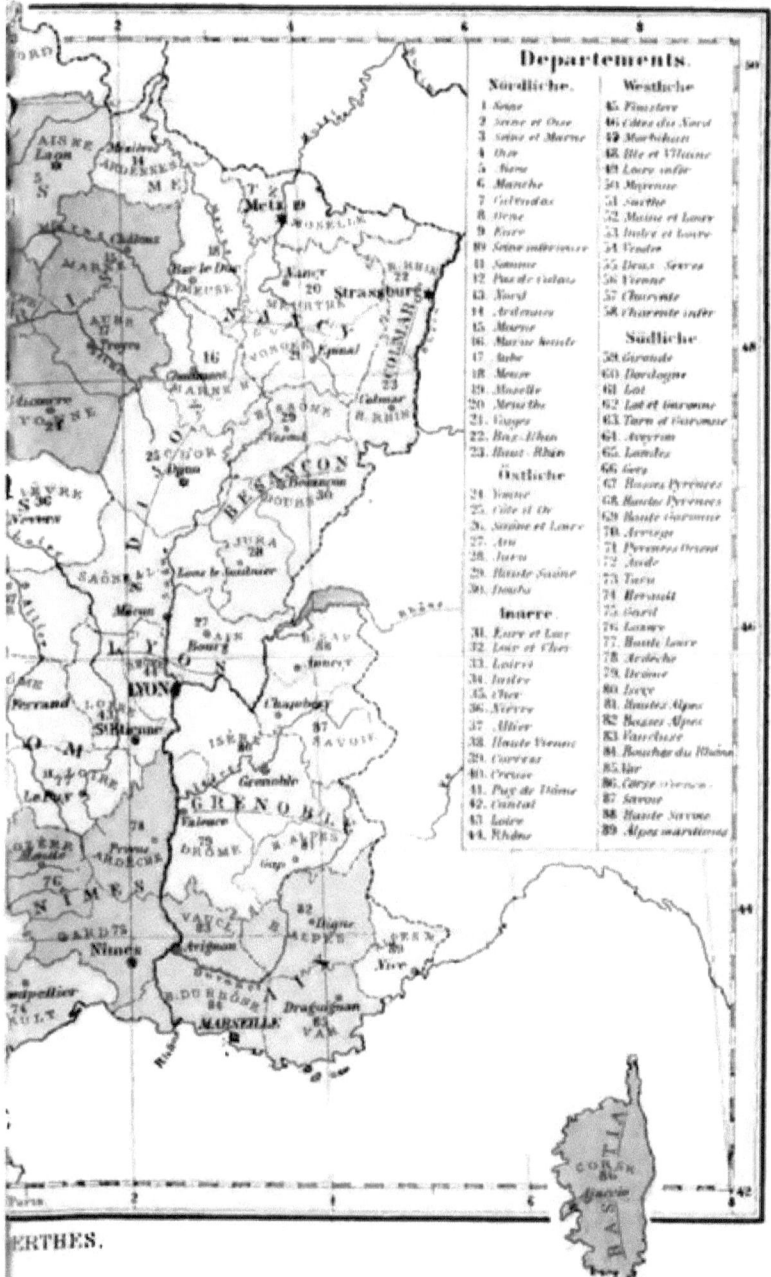

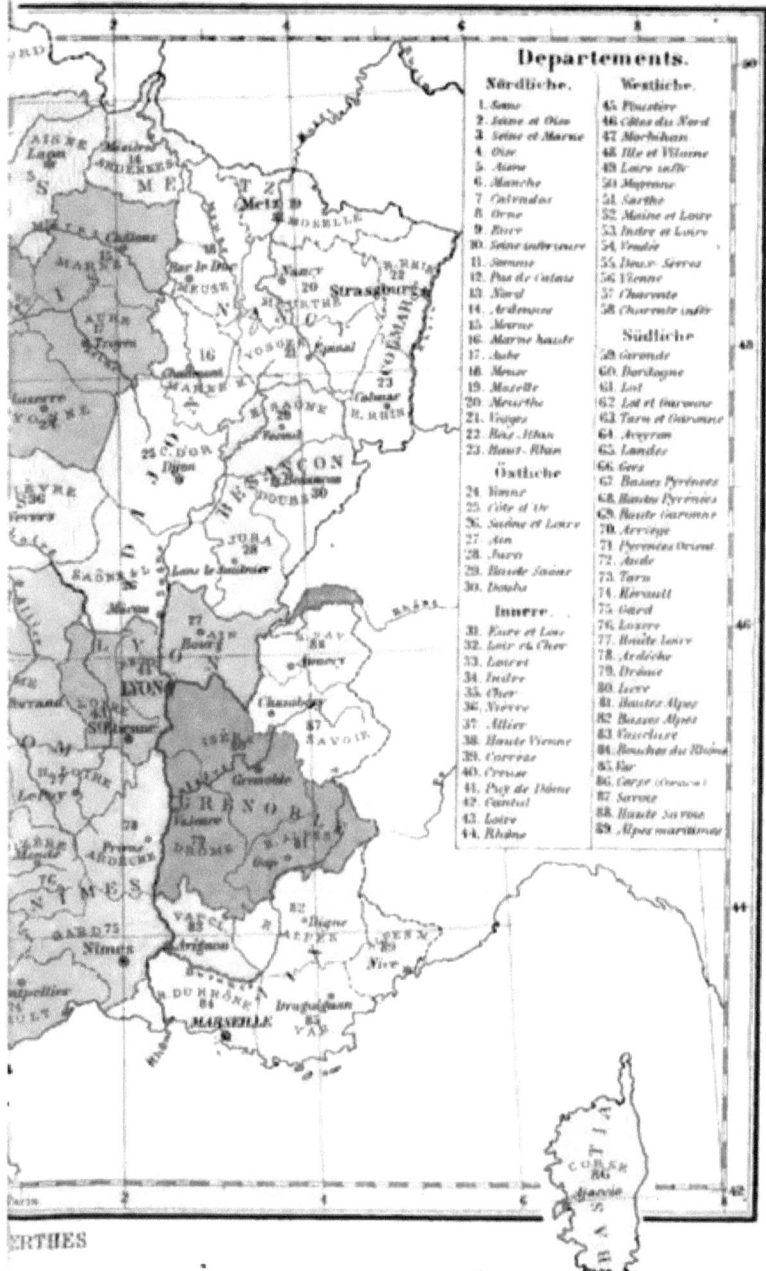

Statistische Karten von Frankreich

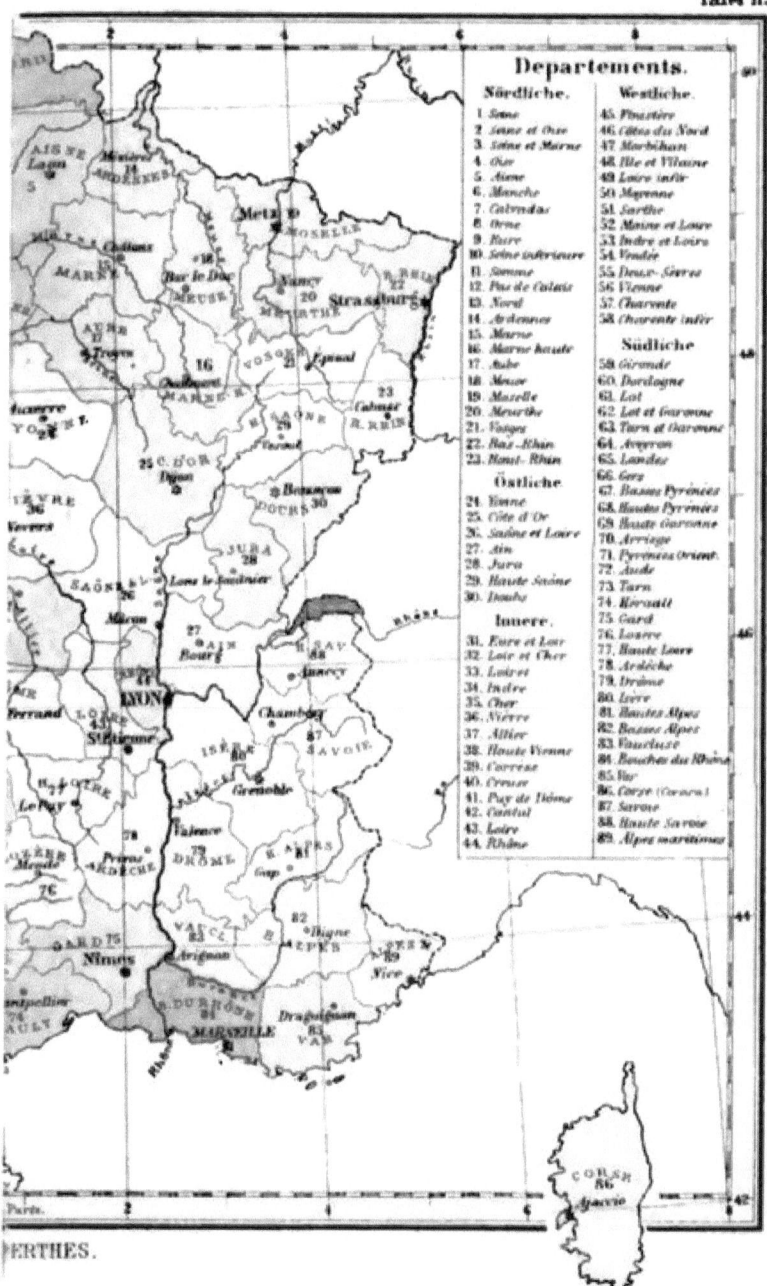

Statistische Karten von Frankreich